IP 知识产权专题研究书系

ZUOPIN ZENGZHI LIYI DE
YAOSU FENPEI

作品增值利益的
要素分配

曾青未　著

知识产权出版社

全国百佳图书出版单位

——北京——

图书在版编目（CIP）数据

作品增值利益的要素分配/曾青未著. —北京：知识产权出版社，2020.5
ISBN 978 - 7 -5130 -6864 -2

Ⅰ.①作… Ⅱ.①曾… Ⅲ.①著作权法—研究—中国 Ⅳ.①D923.414

中国版本图书馆 CIP 数据核字（2020）第 060394 号

内容提要

本书以作品增值利益的构成要素及其分配原则与方法为主线，分五章对作品的增值利益分配问题进行了研究。首先，对相关概念进行界定，并对作品的增值利益进行分类，确定何种利益是可分配的。其次，增值利益通过要素的投入分阶段产生，对不同方式产生的利益分配问题进行分析。最后，对各种类型的利益分配问题进行拆分解析，总结出增值利益法律分配原则和方法。

责任编辑：王瑞璞　　　　　　　**责任校对：王　岩**
封面设计：韩建文　　　　　　　**责任印制：刘译文**

作品增值利益的要素分配
曾青未　著

出版发行：**知识产权出版社** 有限责任公司　　网　　址：http://www.ipph.cn
社　　址：北京市海淀区气象路 50 号院　　邮　　编：100081
责编电话：010 -82000860 转 8116　　　　　责编邮箱：wangruipu@ cnipr. com
发行电话：010 -82000860 转 8101/8102　　发行传真：010 -82000893/82005070/82000270
印　　刷：天津嘉恒印务有限公司　　　　　经　　销：各大网上书店、新华书店及相关专业书店
开　　本：880mm×1230mm　1/32　　　　 印　　张：7.125
版　　次：2020 年 5 月第 1 版　　　　　　印　　次：2020 年 5 月第 1 次印刷
字　　数：200 千字　　　　　　　　　　　定　　价：38.00 元
ISBN 978-7-5130-6864-2

序　言

在当今社会，知识产权具有三个维度的意义。首先，知识产权是私权，作为一项基本的民事权利，在运用过程中，需要遵循民法的基本原理。其次，知识产权是市场主体参与竞争的重要工具，不同种类形式的知识产权进入市场的目的多是获得市场利润。最后，知识产权还是信息资源的配置机制，其基本范畴的实质是信息产权。在市场竞争中，过分共享会伤害研发人员的积极性，而过分独占又会阻碍知识产权价值的实现，二者在协调中求平衡，是一项十分艰难却又极为重要的任务。作为知识产权的重要组成部分，著作权也面临着同样的难题。从宏观上讲，在调整围绕作品的创作、传播、管理、使用等行为而产生的权利义务关系时，如何满足在保护私权的同时，不妨碍社会公众对知识获取的自由，是著作权法的宗旨之一。而从微观上讲，著作权法还需要不断协调作品利益链上的众多参与人，确保在作品价值实现的同时，实现市场利润的公平分配。

著作权法所保护的作品，不仅意味着智识的创造，而且也带来利益的凝结。尽管学界对著作权保护的宗旨尚存认识分歧，但必须承认，利益的保护与分配始终是著作权的核心。随着作品传播方式和利用形态的多样化，作品蕴含的利益也随之增值，对此类利益如何界定和分配，是一个兼具理论与实践意义的问题。曾青未博士的这本新作就是她在这一领域深入思考的结晶。

曾青未博士从权利的微观分析出发，提出了作品增值利益的要素分配理论。她认为，在作品增值的过程中，不同主体投入了相关的生产要素，即创造、资本、管理和使用。如果主体不能依据要素的投入而获得相应的收益，则有碍著作权的实现及相关利益的保护。在对作品增值利益进行分配时，不仅需要考虑增值主体的投入，更需要衡量增值主体与原利益主体间要素的投入比重，明确每一参与主体所投入的要素，衡量各要素在作品利益形成中的相对地位和贡献大小，并进行利益分配。可以说，作品增值利益的要素分配理论，良好地实践了"正义就是给予每个人他应得到的部分"这一法律格言。

这部专著的贡献，还在于努力探索一种整体性的解释框架。尽管学界此前对演绎作品的保护、视听作品的二次获酬权以及艺术作品的追续权都有不同角度的探讨，但是，青未博士将其归纳为作品增值利益分配这一共同的主题，并试图以要素分配理论进行新的诠释。

珞珈与东湖的山水，见证了青未博士在学术上的起步与成长。在武汉求学期间，无论在学术会议的旅途，还是在师门活动的间隙，青未总是执着地谈论着学习和学术，乐此不疲。尽管我们关于博士论文部分细节上的意见不尽一致，但我相信，浓烈的问题意识与现实关怀，是一切优秀研究的原动力。数年的辛苦与求索，终于不负初心。在这部书稿付梓之际，作为导师，我郑重推荐，也衷心希望曾青未博士的学术之路越来越好！

是为序。

武汉大学知识产权与竞争法研究所所长、
教授、博士生导师
2020 年 1 月 13 日

本书创新点

一、以作品增值利益分配为视角分析著作权法问题

研习前人理论之时,笔者发现,以利益为保护起点的著作权法,最终被冠以促进创新之名后,学界对利益的关注,逐渐集中于著作权法的利益平衡之上,平衡论随即成为了主流观点。虽有学者对平衡论提出质疑,认为利益平衡是所有法律均应遵循的普遍规律,并非著作权法之独有目标,进而提出激励论,却依然鲜有从作品增值利益分配的角度出发,对著作权法律制度进行的整体性思考。

作品所涉及的许多问题,实际上都是增值利益的分配问题。在著作权法中,对作品类别的规定、著作权权属的配置、侵权标准的认定以及责任承担等问题,从广义上讲都是对作品增值利益分配的安排。在一些看似权利之争的事件背后,暗藏着作品利益链中各参与人对利益的争夺。因此,笔者以作品增值利益的分配为视角,对著作权法中的相关问题进行分析,希望可以对著作权法律制度整体性问题的解决提供一种新的思路。

二、提出作品增值利益分配的要素贡献理论

过去与作品利益相关的研究,基本停留在著作权人与社会公众间的利益平衡问题之上,并没有深挖平衡路径。有的研究,即便超越利益平衡理论探讨利益分配问题,也仅是为满足激励机制的论证需求而进行的研究。

对利益形成要素的动态考察,是本书的创新内容。本书首先对作品利益的构成要素进行细分,并对不同主体的要素贡献进行

研究。其次，在此基础之上，深度挖掘增值利益分配所需遵循的一般原则，并在该原则的指引下，对不同类别的增值利益分配问题进行分析。最后，建立一套完整的作品增值利益分配理论，即要素贡献的分配理论。

三、提出作品增值利益的分配原则

按要素贡献进行分配，是一种公平的分配方式，符合法的正义价值追求。因而，应当以此作为作品增值利益分配的基本原则。在此基础之上，制定相应的具体原则。即在对作品增值利益进行量化时，量化标准应当以市场定价为原则；在利益主体自行分配作品增值利益时，应以各方合意为原则；当利益分配产生矛盾时，应以司法裁判为最终的救济。

在分配原则的指引下，本书针对三类作品增值利益，分别提出了具体的法律完善意见。不仅如此，还进一步提出了统一性的作品增值利益分配建议——建立一个完整的公平获酬体系，并指出，公平的获酬体系，不应体现为创造与补偿的关系，而应当是一种创造与分配的良性互动。

本书概览

在知识经济高速发展的今天，人们通过利用作品使其增值，符合经济发展需求。作品产生的增值利益，打破了旧有的利益分配格局，带来了新的利益分配矛盾。由于作品利益链上存在众多的参与人，而作品利益形成要素又是多种多样的，因此，何种利益可以进行分配，哪些主体有权参与分配，应当如何进行具体的增值利益分配等复杂问题，便成了理论上亟须研究并加以解决的问题。

本书以作品的利益构成要素及其分配的原则和方法为主线，对作品的增值利益分配问题进行研究。首先，通过对作品增值利益的细分，以及对利益链上参与主体投入的要素进行界定，来确立研究的横向线索。其次，以增值利益产生的三种方式为纵向线索，按照要素贡献的基本分配原则，对三种增值利益的分配问题分别进行分析。最后，通过对不同类型的增值利益分配矛盾进行拆分解析后，总结出整体性的增值利益分配规则，力图塑造出具有著作权法特色的、公平的利益分配方式。除绪论和结论外，全书共分为五章，主要内容如下：

第一章，通过对作品增值利益的界定，将全书主题限定于一个可探讨的理论体系框架下。具体而言，将本书所讨论的作品利益，限定于狭义的著作权法中的可分配利益，即著作财产权及相关利益。作品的增值利益，就是在利用作品过程中产生的，伴随市场交易而增加的那部分利益。在对作品增值利益进行界定之后，此章又依照产生原因的不同，将增值利益分为三种类型：演绎性使用产生的增值利益、传播性使用产生的增值利益以及转售性使用产生的增值利益。它们实际上是作品利用过程中内容改

变、传播方式改变，以及内容和传播方式均未改变而产生的作品
增值利益。在概念界定和分类的基础之上，对作品增值利益进行
了细分，明确作品增值利益是由不同主体分别投入创造、资本、
管理和使用这四种要素而形成的。

第二章，主要是对作品增值利益分配的原则进行论述。首
先，在注重财富分配重要性的经济学领域内，选取一个合理可行
的分配方式——按要素分配方式，作为可供选择的作品增值利益
分配方式。其次，由于法律价值存在多元化现象，当多种价值产
生冲突时，应当选取法的正义价值，作为价值位阶中最为重要的
一项。法对正义的追求体现在许多方面，分配正义即为其中之
一。在著作权领域内，依照主体的要素贡献对作品的增值利益进
行公平分配，符合法对分配正义的追求。最后，在对要素贡献分
配和法的价值追求进行论证的基础之上，提出作品增值利益的分
配原则。确认将要素贡献原则，作为作品增值利益分配的基本原
则，并由此建立以市场定价为分配的量化标准、以各方合意为分
配的基本手段、以司法裁判为分配最终救济的具体原则。

第三章，是在对作品增值利益进行分类的基础之上展开的，
主要论述作品因内容改变，而产生增值利益的分配问题。演绎作
品产生的利益，是此种类型作品增值利益的典型代表。当今世界
各国对演绎作品进行"开放"抑或是"封闭"的立法模式选择，
体现了立法者的增值利益分配观——兼顾原作品作者和演绎人的
利益。而不同时期对演绎作品的司法实践，则展现出了相同的增
值利益分配逻辑——独创性表达应予以保护。由于独创性是法律
保护演绎作品的基础，亦是划分演绎作品利益的边界，所以，应
当以创造要素为核心，对演绎作品的增值利益进行分配。最后，
针对演绎作品增值利益分配问题，提出具体的完善建议。

第四章，重点探讨传播方式发生改变的增值利益分配问题。
传播技术的发展，使得视听作品增值利益分配矛盾凸显。本章从
视听作品的利益构成以及传播增值入手，对不同传播方式获得的

增值利益及构成要素进行研究。在此基础之上，将在增值利益贡献中起到最主要作用的创造及资本要素，与实践中的案例相结合进行分析。明确法律对其应有的态度——无论视听作品的传播方式如何改变，只要利用视听作品产生的利益，就应当按照要素贡献进行分配。盗版者或其他侵权人对作品的增值没有贡献，不具备分享增值利益的资格。最后，在按要素贡献的基本分配原则指引下，构建分配视听作品增值利益的二次获酬权制度。

第五章，对作品自身升值产生的增值利益分配问题进行分析。艺术品转售的增值利益，为这一类型的典型代表。为解决艺术品的增值利益分配矛盾，追续权制度应运而生。本章即从追续权制度的历史演变入手，以纵向的历史发展揭示追续权产生的必要性。追续权直观地体现出法律对贫困艺术家议价能力不足的照顾，以及对艺术品增值利益分配失衡的补救。通过横向的制度比较，确认追续权制度的合理性和可行性。尽管追续权会对契约自由原则和物权产生一定的限制，但其合理性源于对作品增值利益分配正义的追求。可行性则在于其不会对艺术品交易带来负面的影响。最后，在要素贡献的分配原则指引下，提出构建艺术作品增值利益分配制度的具体建议。

通过全书的论述，作品增值利益分配问题的解决之道，早已呼之欲出。结论部分就是在前文的基础之上，点明作品增值利益分配问题的解决方案。这部分既是对全书内容的总结，也是对作品增值利益要素分配问题的概括性回应。

目　录

绪　论 ……………………………………………… 1

一、问题的提出 ……………………………………… 1

二、研究现状综述 …………………………………… 7

三、基本概念的界定 ………………………………… 17

四、研究框架及内容 ………………………………… 19

第一章　作品的增值利益及其构成要素 ………… 23

第一节　作品的利益与增值 ………………………… 24

一、著作权法中的作品利益 ………………………… 24

二、著作权法中的可分配利益 ……………………… 26

三、作品的增值利益 ………………………………… 29

第二节　作品增值利益的类型 ……………………… 32

一、演绎性使用产生的作品增值利益 ……………… 33

二、传播性使用产生的作品增值利益 ……………… 34

三、转售性使用产生的作品增值利益 ……………… 36

四、作品增值利益的分类说明 ……………………… 37

第三节　作品增值利益的构成要素 ………………… 38

一、创造要素 ………………………………………… 40

二、资本要素 ………………………………………… 41

三、管理要素 ………………………………………… 43

四、使用要素 ………………………………………… 44

本章小结 …………………………………………… 46

第二章 作品增值利益法律分配的价值与原则 …… 48

第一节 经济学要素分配理论的法学应用 …… 49

一、经济学中的分配问题 …… 49

二、按要素分配的理论选择 …… 52

三、要素贡献理论的法学应用 …… 55

第二节 作品增值利益分配的法律价值 …… 58

一、作品增值利益分配的公平与正义 …… 59

二、作品增值利益分配的正义与秩序 …… 62

三、作品增值利益分配的正义与效率 …… 65

第三节 作品增值利益法律分配的原则 …… 68

一、以要素贡献为分配的基本原则 …… 68

二、以市场定价为分配的量化标准 …… 70

三、以各方合意为分配的基本手段 …… 72

四、以司法裁判为分配的最终救济 …… 74

本章小结 …… 75

第三章 演绎作品增值利益的法律分配 …… 77

第一节 演绎作品的立法轨迹与保护模式 …… 79

一、演绎作品的立法轨迹：从复制到演绎 …… 79

二、演绎作品的保护模式：封闭与开放 …… 83

第二节 演绎作品司法保护的利益边界 …… 88

一、演绎作品的豁免阶段 …… 88

二、演绎作品的限制阶段 …… 90

三、演绎作品的利益边界 …… 94

第三节 演绎作品增值利益分配的双重考量 …… 96

一、演绎作品宏观利益分配的考量 …… 96

二、演绎作品微观利益分配的考量 …… 98

　　三、演绎作品增值利益分配的立法建议 ⋯⋯⋯⋯⋯ 103

　本章小结 ⋯⋯⋯⋯⋯⋯⋯⋯⋯⋯⋯⋯⋯⋯⋯⋯⋯⋯ 105

第四章　视听作品增值利益的法律分配 ⋯⋯⋯⋯⋯⋯ 107

　第一节　视听作品的传播增值 ⋯⋯⋯⋯⋯⋯⋯⋯⋯⋯ 109

　　一、视听作品的利益保护 ⋯⋯⋯⋯⋯⋯⋯⋯⋯⋯⋯ 109

　　二、视听作品的增值要素 ⋯⋯⋯⋯⋯⋯⋯⋯⋯⋯⋯ 114

　第二节　视听作品增值利益中的要素贡献 ⋯⋯⋯⋯⋯ 116

　　一、创造要素的贡献衡量 ⋯⋯⋯⋯⋯⋯⋯⋯⋯⋯⋯ 117

　　二、资本要素的贡献衡量 ⋯⋯⋯⋯⋯⋯⋯⋯⋯⋯⋯ 123

　第三节　视听作品增值利益的法律分配方式 ⋯⋯⋯⋯ 127

　　一、基于创造要素贡献的增值利益分配 ⋯⋯⋯⋯⋯ 128

　　二、基于资本要素贡献的增值利益分配 ⋯⋯⋯⋯⋯ 135

　本章小结 ⋯⋯⋯⋯⋯⋯⋯⋯⋯⋯⋯⋯⋯⋯⋯⋯⋯⋯ 142

第五章　艺术品增值利益的法律分配 ⋯⋯⋯⋯⋯⋯⋯ 144

　第一节　"饥饿的艺术家"神话 ⋯⋯⋯⋯⋯⋯⋯⋯⋯ 146

　　一、艺术家的名与利 ⋯⋯⋯⋯⋯⋯⋯⋯⋯⋯⋯⋯⋯ 146

　　二、增值的艺术品与"饥饿的艺术家" ⋯⋯⋯⋯⋯ 148

　　三、艺术家的追续权 ⋯⋯⋯⋯⋯⋯⋯⋯⋯⋯⋯⋯⋯ 149

　　四、追续权产生原因之反思 ⋯⋯⋯⋯⋯⋯⋯⋯⋯⋯ 153

　第二节　艺术品增值利益分配的挑战 ⋯⋯⋯⋯⋯⋯⋯ 154

　　一、权利穷竭原则的挑战 ⋯⋯⋯⋯⋯⋯⋯⋯⋯⋯⋯ 155

　　二、契约自由原则的挑战 ⋯⋯⋯⋯⋯⋯⋯⋯⋯⋯⋯ 157

　　三、物权的挑战 ⋯⋯⋯⋯⋯⋯⋯⋯⋯⋯⋯⋯⋯⋯⋯ 161

　　四、艺术品交易市场的挑战 ⋯⋯⋯⋯⋯⋯⋯⋯⋯⋯ 164

　第三节　艺术品增值利益分配的制度构建 ⋯⋯⋯⋯⋯ 166

一、艺术作品价值衡量的困境与选择 ⋯⋯⋯⋯⋯⋯⋯ 166

二、艺术品增值利益的形成过程与要素贡献 ⋯⋯⋯⋯ 169

三、艺术品增值利益分配制度的尝试与构建 ⋯⋯⋯⋯ 174

本章小结 ⋯⋯⋯⋯⋯⋯⋯⋯⋯⋯⋯⋯⋯⋯⋯⋯ 179

结论　作品增值利益法律分配的简与繁 ⋯⋯⋯⋯⋯⋯ 181

一、从简到繁：增值利益形成中的要素需求差异 ⋯⋯⋯ 182

二、化繁为简：贡献回报——差异下的统一利益分配 ⋯ 188

参考文献 ⋯⋯⋯⋯⋯⋯⋯⋯⋯⋯⋯⋯⋯⋯⋯⋯ 197

后　记 ⋯⋯⋯⋯⋯⋯⋯⋯⋯⋯⋯⋯⋯⋯⋯⋯⋯ 210

绪　论

一、问题的提出

（一）研究背景

随着我国《著作权法》第三次修订工作的启动以及《中华人民共和国著作权法》（修订草案送审稿）的公布，关于追续权、二次获酬权的设立等问题引起了学界的广泛讨论。不仅如此，著作权集体管理制度中的延伸性集体管理问题更是引发了音乐产业相关人员"被代表"的恐慌；❶ 更有与著作权相关的"琼瑶于正案"❷ "游戏侵权第一案"❸ "大头儿子小头

---

❶　相关新闻参见：音乐人认为著作权人利益"被代表"广东省流协对音著协说"不" [N/OL]. 信息时报，2012 – 04 – 08 [2015 – 07 – 21]. http：//informationtimes. dayoo. com/html/2012 – 04/08/content_1665589. html. 国家版权局于2012年4月25日召开了"著作权法修改媒体互动会"，会后许多媒体对此事进行了报道，如：不"被代表"中国将无音乐 [EB/OL]. （2012 – 04 – 26）[2015 – 07 – 21]. http：//news. hexun. com/2012 – 04 –26/140806095. html.

❷　2014年上半年，电视剧《宫锁连城》热播。2014年5月28日，台湾女作家琼某向北京市第三中级人民法院提起诉讼，认为余某（笔名于正）的作品《宫锁连城》严重侵犯了她的作品《梅花烙》的改编权、摄制权，给她造成了极大的精神伤害。请求判令余某在内的五方被告立即停止侵权，消除影响，向其赔礼道歉并赔偿经济损失2000万元。2014年12月25日，法院判决余某等五名被告构成共同侵权，立即停止电视剧《宫锁连城》的复制、发行和传播行为，余某需在媒体上刊登致歉声明，五名被告共计赔偿原告经济损失500万元。双方均不服判决提起上诉，2015年4月8日，恰逢《宫锁连城》开播一周年，备受关注的该案二审在北京市高级人民法院开庭。

❸　号称"游戏侵权第一案"的"金庸小说改编权案"由北京市海淀区人民法院审理，法院一审判决被告奇游公司未经许可将金庸小说改编为手游，构成著作权侵权及不正当竞争，判决赔偿畅游公司150万元，赔偿完美公司60万元。相关内容参见：金庸作品侵权案判决游戏产权保护迎来转折点 [EB/OL]. （2015 – 08 – 17）[2015 – 09 – 12]. http：//www. legaldaily. com. cn/legal_case/content/2015 – 08/17/content_6224059. htm? node = 33834.

爸爸案"❶"IP 热"等语词通过媒体的宣传进入公众的视野，掀起了一股全民参与讨论著作权的热潮。

这些发生在著作权❷领域中的热点问题看似毫无关联、头绪万千，但细细品来个中内涵值得玩味：追续权作为一个"舶来品"，是创作人向艺术商追讨艺术品升值产生利益的一项权利，旨在艺术品升值后，对处于相对弱势地位的创作人给予一定的利益补偿；而二次获酬权实际上是对编剧、作词、作曲等作者，赋予在视听作品的后续使用中获得报酬的权利，旨在检视和纠正潜在的报酬分配不公的情况；著作权延伸性集体管理制度，设置的初衷是通过对作者排他权的限制，降低使用者获得授权的交易成本，但令著作权人忧虑的是集体管理组织的参与会实际上减少著作权人的收益。

上述问题直观地反映出：在知识经济高速发展的今天，人们通过利用作品使其增值是符合经济发展需求，也是符合市场运行规律的。如果作品增值中利用者和权利人为同一主体，则增值当然归属权利人；而在对原作品进行改编形成演绎作品、视听作品的二次利用以及美术作品的转售等情形下，当他人通过利用作品而使其增值时，对于增值后的财产利益，是否应当在权利人和利用人之间进行分配，以及如何分配，便成了现存立法和司法中需要解决的问题。

随着技术进步和人类精神文明的发展，文化产业逐步走向繁荣。随之而来的，是作品利益分配的难题。作品利益分配难题，

---

❶ 杭州市滨江区人民法院 2015 年 7 月 21 日公布判决，央视动画公司翻拍的《新大头儿子小头爸爸》构成侵权，赔偿杭州大头儿子小头爸爸公司 126 万元。相关内容参见：央视拍《新大头儿子小头爸爸》被判侵权赔偿 126 万 [EB/OL]. (2015－07－21) [2015－09－12]. http://www.chinanews.com/yl/2015/07－21/7419156.shtml.

❷ 此为大陆法系的说法，而在英美法系称为版权。对因两者含义相差不太，本书不进行区分。

不仅体现在作品产生之初的权利归属分配，以及终端消费者获取作品的过程中，还存在于作品增值的过程中。正是由于作品利益链上存在众多的参与人，而作品利益形成要素又是多种多样的，因此，何种利益可以进行分配，哪些主体有权参与分配，应当如何进行具体的利益分配等复杂问题，便成了理论上亟须研究并加以解决的问题。

（二）研究意义

1. 理论意义

被认为是世界上第一部著作权法的《安妮法案》，与其说是一部确保作者权利的版权法，不如说是延续商人垄断利益的贸易规制法。[1] 历史证明，著作权法的变革与发展，无不是经济利益驱动的结果。著作权从垄断特权进化为私权，是以产业组织（印刷行业协会）为代表的出版商（投资者）极力争取的结果。那时著作权的私权属性，旨在实现作者与出版商之间权利的"自由"让与，其结果是除非创造者兼为资本的拥有者，否则创造者不可能成为真正的利益核心。[2] 作品的创造者往往并非因明确的利益诉求而进行创作，他们常常在商人获益后才"后知后觉"地要求参与分配。创造者在过去一直扮演着"为他人作嫁衣"的角色，现如今这种局面貌似有所改变。因为现代意义上的著作权无疑是一种真正意义上的私权，著作权人只要不损害社会和他人的利益，就可任意行使其权利，他人不得干涉。如果著作权人不愿实现财产的流转和权能的分离，法律也无法过问。[3] 但事实上真的如此么？

[1] 黄海峰. 知识产权的话语与现实：版权、专利与商标史论 [M]. 武汉：华中科技大学出版社，2011：20－27.

[2] 熊琦. 著作权激励机制的法律构造 [M]. 北京：中国人民大学出版社，2011：8.

[3] 吕来明. 从归属到利用：兼论所有权理论结构的更新 [J]. 法学研究，1991（6）.

　　著作权法律制度的发展深受财产权制度发展的影响。近代财产权制度是建立在自由主义的理念之上的，表现为财产权保护的绝对化，每个人在其财产范围内都享有绝对的、不受他人干涉的自由。为这种自由主义的财产观提供理论依据的，主要是中世纪以来的自然权利观，其中尤以洛克的财产权劳动理论最有影响力。❶ 但自 19 世纪以来，工业化的快速发展拉大了贫富差距，同时，绝对的自由主义观念盛行助长了公正的缺失，这引起了人们的反思。这种反思的结果在思想上表现为对绝对自由主义的批判和各种社会化理论、福利国家思想的兴起；在制度上表现为民法本位的变迁——由对财产权保护的绝对化发展到对财产所有权的限制，由私法自治发展到对私法自治的限制。❷ 德国法学家耶林也认为：没有什么绝对的财产，不存在可以不考虑公共利益的私有所有权。历史已然向所有民族教导了这一真理。❸

　　著作权作为一种制度安排，实际上是源于资本的增值需求。❹ 然而，完全遵循资本增值的需求，不考虑社会公众的利益，如著作权的使用门槛过高或长期封闭，则有可能造成作品利用效率的低下，损害社会公众获取知识的权利，违背著作权制度设立的初衷。正如德霍斯教授所言：知识产权是一种私权，但其垄断性使之与其他私权产生许多方面的差异。❺ 由于智慧创作物

---

　　❶ 肖厚国. 所有权的兴起与衰落 [M]. 济南：山东人民出版社，2003：120 – 148.

　　❷ 梁慧星. 从近代民法到现代民法：20 世纪民法回顾 [M] //民商法论丛（第 7 卷）. 北京：法律出版社，1997：20.

　　❸ Rudolph von Jhering, Der Geist des römischen. Rechts auf den Verschiedenen Stufen Seiner Entwicklung, 1. Teil [M]. Leipzig：Druck und Verlag von Breitkopf und Härtel, 5. Aufl, 1878, S. 7.

　　❹ 黄海峰. 知识产权的话语与现实：版权、专利与商标史论 [M]. 武汉：华中科技大学出版社，2011：40.

　　❺ DRAHOS P. A philosophy of intellectual property [M]. Hanover：Dartmouth Publishing, 1996：213.

是一种抽象物，其边界常常是模糊的。虽然通常情况下人们认为界定智慧创作物是一个事实问题，但实际上它却与社会的、心理的和意识形态的因素等组成的复杂系统有关，其中包含有价值判断。由于智慧创作物的此种不易确定性，加之其可以将自身体现在众多的有形物上，所以知识产权所有人往往就拥有极大的潜在权利。他们可以借助智慧创作物的不易确定性，来控制更多的无形物和有形物，成为资源的垄断者，以寻求其最大的经济利益。❶ 因而，法律通常对知识产权的创设进行不同程度的公共规制，以防止知识产权所有人的个人权利膨胀，给社会带来威胁。

由此可见，著作权的私权属性不是一开始就有的，即便成为私权后的著作权也并非一种不可被限制的权利。恰恰相反，由于著作权法是通过系统的制度设计来保障其立法目的，因此对著作权法中的作品增值利益分配问题进行研究和制度设计便成为可能。正如保罗·戈斯汀（Paul Goldstein）教授所言："版权在大多情况下是关于金钱的。"❷ 李琛教授也认为："法是利益之器，法律制度的功能主要就是协调某种利益。"❸ 著作权法作为调整作品相关利益的法律，应合理协调不同主体间的利益，使其功能得以发挥。然而，面对现实中复杂的利益分配难题，立法上却没有及时地予以回应，究其原因是理论上对作品增值利益分配问题研究的缺失。对作品的增值利益分配进行研究，可以弥补学界在这一重要领域研究的空白，使得著作权法可以真正成为利益分配之器，发挥其应有的制度功能。

2. 现实意义

放眼世界，许多国家都把知识产权从原来的法律范畴提升到

---

❶　DRAHOS P. A philosophy of intellectual property [M]. Hanover：Dartmouth Publishing, 1996：154 – 163.

❷　GOLDSTEIN P. Copyright's highway：from Gutenberg to the Celestial Jukebox [M]. Rev. ed. Palo Alto：Stanford University Press, 2003：7.

❸　李琛. 著作权基本理论批判 [M]. 北京：知识产权出版社, 2013：31.

国家发展战略的宏观高度，把加强知识产权工作作为在科技、经济领域夺取和保持竞争优势的一项重要战略，立足于知识经济、信息社会、可持续发展等，提出了本国的知识产权战略。❶ 如日本制定了知识产权战略大纲，美国公布了 21 世纪知识产权发展战略。这些国家都把保护知识产权作为延续其在科技、经济领域现有优势的一项重要措施，对知识产权的重视已成为一个世界性的潮流。

知识产权是一种战略价值越来越高的财产性权利，各国知识产权保护程度宽严不一，总体来说均与一国文化艺术、科学技术、政治、经济等的发展水平相关。美国从"殖民荒地"到"世界经济霸主"，依靠的就是从国情出发在不同时期对知识产权进行由弱到强的保护，以此发展经济。可以说，美国是成功依靠知识产权强国的最佳例证。

由此观之，我国的知识产权法律制度设计也应从我国的现实经济和政治等情况出发进行思考。我国于 2006 年提出了"大力提高知识产权创造、管理、保护、运用能力"的口号。依照汉语的表达习惯，最重要的内容往往被最先提及，上述内容表明，当时我国知识产权制度建设中，最重要的一环为创造。随后依次为管理、保护和运用。在 2008 年制定的《国家知识产权战略纲要》中，则进一步强调了"创造、运用、保护、管理"的顺序。❷ 而于 2013 年召开的党的十八届三中全会更是突出了"加强知识产权运用和保护"的指导方针，❸ 可以说，知识产权的"运用"和"保护"，尤其是"运用"在现阶段成为我国最具有现实意义的

---

❶ 郑成思. 知识产权：弱保护还是强保护？[J]. 人民论坛，2006 (6).

❷ 2008 年 6 月 5 日国务院下发了《国家知识产权战略纲要》，具体内容详见中国政府门户网站：http://www.gov.cn/zwgk/2008-06/10/content_1012269.htm.

❸ 党的十八届三中全会审议通过了《中共中央关于全面深化改革若干重大问题的决定》，其中包含了"加强知识产权运用和保护""建立健全鼓励原始创新，集成创新，引进消化吸收再创新的体制机制"等重要论述。

重要命题。

具体到著作权领域,著作权产生之初,承认作者利益不是立法者突发奇想的鼓励性政策,而是市场自然形成的结果。[1] 现阶段,为了提升著作权的有效运用,作者、传播者以及社会公众间的利益分配矛盾有待化解。随着技术的发展,作品的传播方式发生了颠覆性转变,每个人都可以成为作者和传播者,著作权市场被极大地激活。这使原本就已存在的利益分配矛盾,随着著作权市场的扩大越发激化。不仅如此,立法上的相对滞后以及理论上的缺失,也给尚不明晰的利益纠纷增加了更深的困扰。对作品的增值利益分配进行研究,可以在建立理论模型基础之上,促进具体的制度建设。即通过建立完善的作品增值利益分配理论,为著作权法的修订贡献理论基础,继而解决现实生活中存在的增值利益纠纷。因此,研究作品增值利益的分配问题,是一个重要且具有现实意义的命题。

二、研究现状综述

尽管作品增值利益的分配问题研究具有很强的理论意义,更是我国现阶段具有现实意义的重要命题,但遗憾的是,学者们并没有对该问题进行系统的研究。总体来说,在著作权法领域内,具体制度研究多于基础理论研究。研究内容虽然丰富,但也较为零散。总体而言,与本书主题相关的研究内容如下:

(一)作品的利益分配问题

国内学者在对知识产权历史研究的基础之上,指出作者权利的保障,只是商人获取利益需求的一种粉饰。[2] 国外的学者也认为,自 19 世纪下半叶以来,法律就将注意力从保护对象所体现

---

[1] 李琛. 著作权基本理论批判 [M]. 北京:知识产权出版社,2013:28.

[2] 黄海峰. 知识产权的话语与现实:版权、专利与商标史论 [M]. 武汉:华中科技大学出版社,2011:39-40.

的劳动价值，转移到了该对象本身的价值上。知识财产可以被置于一种可计算的形式中，这强化了以一种更加稳定和闭合的方式，表现知识产权法对象的要求。❶ 以上研究提出了法律保护知识产权源于利益追求、可计算的知识财产理念以及对于对象价值的评估问题，对于作品的利益分配而言是一种重要理论基础。

德国学者雷炳德，十分重视著作权法中的利益问题。他认为：在智力创作成果及其使用和收益方面，涉及许多的个人或群体利益。他对作者的利益、社会公众利益、艺术与科学技术方面的利益、个人在发挥自己才干方面的利益、作品中间商的利益以及精神方面投入者的利益进行了分析。❷ 尽管这种分析未尽周全，但是对各投入者的利益进行分析，体现一个重要的前提，即著作权法中包含着一个极为复杂的利益体系，应当予以重视。

李琛教授在《著作权基本理论批判》一书中指出："知识产权制度的主要功能是确认、分配知识的市场化所产生的利益……"❸ 她认为："财产权制度只着眼于利益的分配，而不关心财产的劳动来源，因此知识产权法的价值原则应该从创造伦理转向分配伦理。"❹ 她提出"传统的知识产权价值原则过高地抬升了知识产权制度的意义，将该制度与创造行为直接地联系在一起"，如果仅把知识产权制度看作策略，就没有"法学"可言，只有"法术"，❺ 以及"法学是利益之学，关注规则之后的利益，无可厚非。"无疑是具有前瞻性的。尽管李琛教授未对著作权利益分配进行具体研究，但是作为国内学界较早地认识到著作权法中利益分配重要性的学者，她明确地指出应当关注规则背后的利

---

❶ 谢尔曼，本特利. 现代知识产权法的演进 [M]. 金海军，译. 北京：北京大学出版社，2012：207－215.

❷ 雷炳德. 著作权法 [M]. 张恩民，译. 北京：法律出版社，2005：59－69.

❸ 李琛. 著作权基本理论批判 [M]. 北京：知识产权出版社，2013：25.

❹ 李琛. 论知识产权法的体系化 [M]. 北京：北京大学出版社，2005：3.

❺ 李琛. 论知识产权法的体系化 [M]. 北京：北京大学出版社，2005：65－66.

益，避免将著作权制度看作一种纯粹的策略，而造成无"法学"现象等，为作品增值利益分配问题的研究，作出了重要的理论贡献。

在对利益分配问题进行研究时，多数学者倡导"利益平衡理论"，如郑成思教授认为随着网络技术的发展，"利益平衡"成为中国知识产权领域的一个新话题。他认为作者与公众以及作者与盗版者之间均存在"利益平衡"问题，并且认为作者与公众之间在本质上是利益一致的。❶ 冯晓青教授在《知识产权法利益平衡理论》一书中也强调在知识产权领域应当遵循利益平衡原则，他认为利益的构成要素包含多方面的因素，主要包括利益构成的自然基础、社会基础、客观基础以及主观基础。❷ 他没有对著作权内部的各利益冲突进行细致探讨，因为在他看来，知识产权法中的利益冲突，主要表现为知识产权人的个人利益与社会公共利益的冲突。❸

而熊琦教授对利益平衡理论提出了不同的观点。他认为："利益平衡并非著作权法或知识产权法独有的立法目标，而是所有法律须普遍遵循的立法原则""问题不在于是否平衡，而是如何平衡"。❹ 其切中要害地指出，平衡是著作权法的应有之义，如何平衡才是理论上需要进行探讨的问题。这一观点，相较传统的利益平衡理论来说，也是一个巨大的进步。但遗憾的是，他未就如何平衡作出明确的解答。

---

❶ 郑成思. 网络盗版与"利益平衡"［J］. 韶关学院学报（社会科学版），2005（2）.

❷ 冯晓青. 知识产权法利益平衡理论［M］. 北京：中国政法大学出版社，2006：3.

❸ 冯晓青. 知识产权法利益平衡理论［M］. 北京：中国政法大学出版社，2006：28.

❹ 熊琦. 著作权的法经济分析范式：兼评知识产权利益平衡理论［J］. 法制与社会发展，2011（4）.

（二）作品利益分配的法律价值问题

澳大利亚学者彼得·德霍斯，在其著名论著《知识财产法哲学》一书中提出：知识财产权自身并不是目标，而是为实现其他更为重要的目标而采取的一种手段。❶ 与德霍斯教授的观点相近，宋慧献教授也认为版权制度必须以工具主义为基本原则。❷ 在国内的一场知识产权自然权利与法定权利之争中，李扬教授肯定了工具主义的制定法，认为其可以对洛克的财产权劳动理论进行修正，为知识产权的权源提供理论基础。❸ 但同时，他指出："由于知识产权工具主义理论，完全抛弃了洛克劳动理论的合理因素，使知识产权完全变成了一个政策考量的工具，存在一种否定知识产权的倾向，因此不可取。"❹ 工具主义起源于对"形式主义"的批判性回应，❺ 以及对功利主义❻、科学精神等的积极肯定。❼ 正如庞德在借鉴耶林的法律概念基础之上提出的：❽ 法

---

❶ 德霍斯. 知识财产法哲学 [M]. 周林，译. 北京：商务印书馆，2008：6.

❷ 宋慧献. 版权保护与表达自由 [M]. 北京：知识产权出版社，2011：64－119.

❸ 李扬. 知识产权法定主义及其适用：兼与梁慧星、易继明教授商榷 [J]. 法学研究，2006（2）.

❹ 李扬. 重塑以民法为核心的整体性知识产权法 [J]. 法商研究，2006（6）.

❺ "形式主义"认为法律是一个闭合的逻辑体系，现行有效的法律是"书本上的法律"。工具主义者对"形式主义"的批判表现在：主张依据现实存在的需求与利益确定的目标来对现行法律进行拓展与细化，反对封闭、抽象的概念体系。See COOK W W. The Logical and Legal Bases of the Conflict of Laws [M]. Cambridge, Mass，1942：196－197；HOLMES O W. Book Review [J]. American Law Review，1880（14）：233－234.

❻ 边沁的功利主义作品受到工具主义者的广泛关注，实用工具主义的大部分内容在本质上是边沁功利主义的。ROBERT S. Instrumentalism and american legal theory [M]. Ithaca：Cornell University Publishing，1982：42－56.

❼ 霍姆斯曾言："理想的法律体系应该是从科学中汲取假定条件和立法理由。" HOLMES O W. Learning and Science [M] //Collected Legal Papers, New York：Dover Publications，1921：139.

❽ RUDOLF V I. Law as a means to an end [M]. Translated by Isaac Husik, Boston：1914.

律是通向目的之手段。❶ 工具主义的核心观点为法律在本质上是服务于目标的工具。❷

使用庞德的名言"法律是工具，而不是目的"，❸ 来证明工具主义理论的合理性是最直接的。在卢埃林看来，"法律是实现目标的工具，且仅在作为实现目标的工具的范围内才有意义。"❹ 目标的设定直接影响了法律的制定，而目标的问题实际上是价值的问题。在此基础之上萨默斯指出缺失价值理论的法学理论是不完整的。❺ 由此可见，在使用工具主义对著作权法进行分析时，对著作权法目标的考察和对手段的考虑必须集合成组地进行。手段出现的问题不只是技术上的或事实上的，不可避免地要求价值判断。如果将著作权法设置为政策导向进行立法，则由此目标制定出的法律必然会成为政策考量的工具。然而，价值目标一旦转换，则法律手段也会随之改变。因而，将工具主义视为完全的政策考量工具实际上是对工具主义的误解。著作权法作为作品利益分配的工具，对作品利益进行分配的手段，必然受著作权法价值追求的影响。

对于著作权法的价值研究，有的学者指出著作权需要以促进创新和鼓励使用为未来的发展模式，以动态的利用作为基本的价值观念，并将著作权法的调整重心从保护迈向利用。❻ 可以说没有作品的利用和传播，是无法产生作品的增值利益的。对作品利

❶　POUND R. Mechanical Jurisprudence [J]. Columbia Law Review, 1908 (8)：605, 610.

❷　HOLMES O W. The path of the law [J]. Harvard Law Review, 1897 (10)：468 – 469.

❸　POUND R. The need of a sociological jurisprudence [J]. Annual Report of the American Bar Association, 1907 (30)：911.

❹　LIEWELLYN K N. Some realism about realism：responding to dean pound [J]. Harvard Law Review, 1931 (44)：1223.

❺　萨默斯. 美国实用工具主义法学 [M]. 柯华庆，译. 北京：中国法制出版社，2010：60 – 64.

❻　肖尤丹. 历史视野中的著作权模式确立：权利文化与作者主体 [M]. 武汉：华中科技大学出版社，2011：258 – 261.

用的促进和保护，是作品增值利益分配的前提和保障。有学者专门对著作权法的价值构造进行了研究，认为应当抛弃著作权至上主义的路径依赖，以作品传播为中心，改革著作权的性质与结构，❶ 但是并未就著作权法价值目标的内容进行论证。还有的学者指出，在设计原始性利益人和派生性利益人利益均衡保护的双赢规则时，则需要借助著作权法的价值判断来进行，❷ 但却未对著作权法的价值判断进行系统解读，未免有些遗憾。

（三）演绎作品的保护问题

国内学者对演绎作品的研究，主要集中于演绎作品的构成，以及如何对其进行保护等问题。❸ 学界对演绎作品概念及构成要件的探讨，反映了我国《著作权法》对演绎作品定义的空白。这一立法内容的缺失，直接影响了我国演绎作品司法保护的水平。在演绎作品保护的探讨中，国内学者更为关注侵权演绎作品的保护，他们倾向于认为应当保护侵权演绎作品，但所主张的保护方式有所不同。❹ 相比之下，由于存在法律规定以及大量的判

---

❶ 付继存. 著作权法的价值构造研究 [D]. 北京：中国政法大学，2012.

❷ 费安玲. 著作权权利体系之研究：以原始性利益人为主线的理论探讨 [M]. 武汉：华中科技大学出版社，2011：180.

❸ 关于演绎作品的构成要件，有学者认为：演绎作品需要利用已有作品的表达，并应当具有独创性；有学者认为：对演绎作品固定性的要求应当统一标准；还有学者认为：应当在著作权法中界定演绎作品的概念，并且将"可区别性变化"规定为演绎作品的可版权性标准。参见：黄鑫. 论演绎作品的构成要件 [J]. 法制博览，2015（30）；郭斯伦. 演绎作品构成研究 [D]. 北京：中国政法大学，2008；孙玉芸. 论演绎作品的固定性 [J]. 武汉理工大学学报（社会科学版），2015（2）.

❹ 有学者认为应利用著作权法对非法演绎作品进行消极保护，还有学者认为可以依据民法理论对其进行保护。参见：黄汇. 非法演绎作品保护模式论考 [J]. 法学论坛，2008（1）；邱宁. 在合法与非法之间：未经许可创作的演绎作品之著作权辨析 [J]. 法学杂志，2012（4）；李娜. 浅论对侵权演绎作品的保护问题 [J]. 法制与社会，2015（18）；王小丽. 侵权演绎作品能否享有著作权辨析 [J]. 商场现代化，2006（36）；孙玉芸. 论非法演绎作品的法律保护 [J]. 南昌大学学报，2012（5）；董慧娟. 非法演绎作品保护新论 [J]. 广东海洋大学学报，2008（2）；陈惠珍. 未经许可创作的演绎作品仍受著作权法保护 [J]. 人民司法，2009（12）；姜丽媛. 论"非法演绎作品"的保护 [J]. 犯罪研究，2005（6）.

例，国外学者对演绎作品的讨论则涵盖了案例分析、例外制度以及侵权等多方面的研究。❶ 国内外学者的研究成果，大大地丰富了人们对演绎作品的认识，为今后的研究奠定了一定的基础。然而，法律对演绎作品的保护并非天然存在，保护程度亦非一成不变。演绎作品自产生之初就成为社会公众与私人利益争夺的对象，而作为原作品的增值利益，演绎作品的权属规则更是作品增值利益分配的调节器。演绎作品所涉及的问题，诸如：法律对演绎作品保护的初衷究竟为何？当今不同的立法保护模式是如何演变而来的，其背后蕴藏着怎样的利益分配逻辑？最终又是如何通过演绎作品的利益分配来调节作品增值利益的？这些问题值得我们深入研究，也是本书立足解决的问题。

（四）视听作品的二次获酬权问题

我国学者已经注意到视听作品构成的复杂性，并分别从视听作品的认定、权利归属以及法律保护等角度对其本体性问题进行了研究。❷ 不仅如此，学者们还借助《著作权法》第三次修订的契机，对视听作品的二次获酬权进行理论分析。❸ 其中，视听作

---

❶ GOLDSTEIN P. Derivative rights and derivative works in copyright [J]. Journal Copyright Society of the U. S. A. , 1982 (30)：209；DETERMANN L. dangerous liaisons - software combinations as derivative works? distribution, installation, and execution of linked programs under copyright law, commercial licenses, and the GPL [J]. Berkeley Technology Law Journal, 2006 (21)：1421；KARJALA D S, Harry Potter, Tanya Grotter, and the copyright derivative work [J]. Arizona State Law Journal, 17；VOEGTLI N A. Rethinking derivative rights [J]. Brooklyn Law Journal, 1997 (63)：1213.

❷ 曲三强. 论影视作品的著作权 [J]. 中外法学, 2006 (2)；孙国瑞, 刘玉芳, 孟霞. 视听作品的著作权保护研究 [J]. 知识产权, 2011 (10)；赵玉忠. 视听作品著作权属、权项及保护期限的立法思考 [J]. 重庆理工大学学报（社会科学）, 2012 (9)；张春艳. 我国视听作品著作权归属模式之剖析与选择 [J]. 知识产权, 2015 (7).

❸ 宋海燕. 论中国版权法修改稿中涉及视听作品的"二次获酬权" [J]. 中国专利与商标, 2012 (4)；周圆, 邓宏光. 论视听作品作者的利益分享权：以《中华人民共和国著作权法》第三次修订为中心 [J]. 法商研究, 2013 (3)；顾明霞. 论视听作品的"二次获酬权"：兼评《著作权法修改草案（送审稿）》相关规定 [J]. 法制博览, 2016 (13).

品的作者及其他权利人构成的权利主体，成为学者们关注的焦点，并据此对视听作品的利益分配问题进行了探讨。❶ 国外学者的研究，则主要集中于视听作品的侵权案件、国际保护以及法律对视听作品涉及的行业以及市场所造成的影响等方面。❷ 国内外学者对视听作品的研究成果，为我们深入研究视听作品的法律问题提供了一定的线索和帮助。然而，视听作品的利益分配矛盾不仅继续存在，而且还随着视听作品的增值而愈发激化，这从一个侧面也体现出现有理论研究的不足之处。视听作品增值利益分配矛盾的根源究竟为何？在技术飞速发展的今天，视听作品的增值利益分配应当遵循怎样的原则？这些都是现有理论中尚未解决的，同时也是亟须厘清的关键问题。

（五）艺术品的追续权问题

在面对是否应当建立追续权这一制度时，学者们提出了截然不同的两种观点。其中，以法国和德国为代表的学者，基于作品是人格外化的表现这一观点，❸ 认为艺术家是贫困且缺乏议价能力的，所以应当赋予作者追续权以获取艺术作品的增值利益。❹

---

❶ 张春艳. 视听作品著作权研究：以参与利益分配的主体为视角 [M]. 重庆：西南政法大学，2014.

❷ BERMAN B F, BOXER J E. Copyright infringement of audiovisual works and characters [J]. Southern California Law Review, 1979 (52)：315. LEBLANC M M. International audiovisual law – case studies [J]. International Business Lawyer, 1994 (23)：472. BOLITHO Z C. When fantasy meets the courtroom：an examination of the intellectual property issues surrounding the burgeoning fantasy sports industry [J]. Ohio State Law Journal, 2006 (67)：911. BROWN A W. Pleading in technicolor：when can litigants incorporate audiovisual works into their complaints? [J]. The University of Chicago Law Review, 2013 (80)：1269.

❸ ROEDER. The doctrine of moral right：a study in the law of artists, authors, and creators [J]. Harvard Law Revien, 1940 (53)：554. GIBALDI S. Artists' moral rights and film colorization：federal legislative efforts to provide visual artists with moral rights and resale royalties [J]. Syracuse Law Revien. 1987 (38)：965.

❹ 雷炳德. 著作权法 [M]. 张恩民，译. 北京：法律出版社，2004：286.

同样支持追续权入法的国内学者们，也从追续权的理论基础入手，❶ 通过对其他国家追续权制度的介绍，❷ 提出了一些构建追续权制度的具体建议。❸ 而反对增设追续权制度的学者们，则对设立追续权的必要性以及合理性提出质疑，❹ 并认为追续权的提出是建立在各种假说之上的。❺ 其中，反对者的理由主要集中于追续权的存在不仅违背了版权权利穷竭原则和契约自由原则，❻ 更会对物权产生限制，并对艺术品交易市场产生不良影响。除此之外，还有许多学者处于观望态度，提出在尚不具备充分的实施条件时，不宜匆忙引入追续权制度。❼ 更有人提出在追续权的影响尚未可知的情况下，应当等待他国对追续权制度的调查结果之后再作选择。❽ 围绕追续权制度产生的争论，一直延续至今。实际上，这一争论的产生，源于理论界对于艺术作品的三点疑问：艺术作品的增值利益是否应当在不同权利主体间进行分配？如需分配，应当遵循怎样的标准？应以怎样的方式进行？以上的三个问题，均为理论中亟须澄清的问题。

借用李扬教授在《重塑以民法为核心的整体性知识产权法》一文中对我国知识产权法理论研究的现状的评价——现有研究至少存在以下两个方面的问题：一是基本上从立法论的角度去研究

---

❶ 刘辉. 追续权制度几个理论问题探究 [J]. 西部法学评论, 2011 (3).

❷ 韩赤风. 德国追续权制度及其借鉴 [J]. 知识产权, 2014 (9). 文章专门介绍了德国追续权制度的发展情况.

❸ 丁丽瑛, 邹国雄. 追续权的理论基础和制度构建 [J]. 法律科学, 2005 (3); 李雨峰. 论追续权制度在我国的构建：以《著作权法》第三次修改为中心 [J]. 法律科学, 2014 (1).

❹ 孙国瑞, 薄亮. "追续权" 入法的合理性和必要性质疑 [J]. 中国专利与商标, 2014 (2).

❺ 孙山. 追续权入法之证伪 [J]. 科技与出版, 2015 (11).

❻ RUB G A. Rebalancing copyright exhaustion [J]. Emory L. J., 2014 (64): 741.

❼ 周林. 关于艺术品 "追续权" 的再思考 [J]. 中国拍卖, 2016 (5).

❽ 吕继锋. 追续权入法需三思而后行 [J]. 中国发明与专利, 2013 (9).

问题，批判多于建构，理论重于实用，观念超于现实。二是即使注重实然问题的研究，也是一般性论述多于特殊性论述，整体性论述多于细节性论述，研究结论浮于表面。❶

在我国谈及著作权及其保护，均无法逃离对著作权人进行强或弱保护的纷争——或加强对著作权人的保护以促进创新，或限制权利以平衡著作权人与社会公众的利益。❷ 在以利益为保护起点的著作权最终被冠以促进创新的名义后，利益平衡的观点成为主流观点。虽有学者在此基础之上提出对平衡论的质疑，进而提出激励理论，却少有学者从著作权保护的根源——作品的利益分配这一角度出发，对著作权法进行思考。究其原因，无外乎是一种对西方知识产权法理论的崇拜以及对现实社会生活需求的选择性忽略。正如黄宗智所言，"要么遵从他们的思路主张中国不同于西方，要么坚持主张中国与西方一模一样。无论是同意还是反对，我们都受到了他们所建立的这种原创性的非此即彼的话语结构的影响。"❸

实际上，我们似乎一直都在忽略一种最基本的思路——立足于作品利益的产生过程，对作品增值利益链进行动态的分析，而不是停留在由"类型学研究方法"所描述的几组静态的概念之中。❹ 这就是分析作品增值利益分配问题的应有路径，也是中国知识产权法研究的"内在理路"。在分析作品增值利益分配问题时，一定要探寻并明晰我国《著作权法》的价值追求，在此基础之上作品增值利益产生过程中各主体投入的要素贡献进行动态分析。最终，力求在民众生活经验、社会基本逻辑以及市场运作规则和法律秩序之中，寻求解决作品增值利益分配矛盾的应有

---

❶ 李扬. 重塑以民法为核心的整体性知识产权法 [J]. 法商研究，2006 (6).

❷ 知识产权学界早已意识到知识产权的扩张趋势，支持和反对声音均存在。

❸ 黄宗智. 学术理论与中国近现代史研究：四个问题和一个陷阱 [M] //黄宗智. 中国研究的范式问题讨论. 北京：社会科学文献出版社，2003：110.

❹ 陈景良. 反思法律史研究中的"类型学"方法 [J]. 法商研究，2004 (5).

之道。

三、基本概念的界定

本书讨论的问题是：作品增值利益的要素分配。因而，在正式进行论证之前，依照惯例，需要分别对与主题相关的三个关键词语——"利益""增值""要素"的基本概念进行简要界定。❶

（一）利益

"利益"一词，原为佛教用语，指利生益世的功德。❷ 而现在，"利益"多为"好处"之意。❸ 值得一提的是，"利益法学"早已将利益冲突的决断视为法条产生的原因。在利益法学家看来，利益并不单单指物质上的利益，它还应包含道德的、宗教的以及人类最高的利益等，只有在最广泛的意义上，"利益"一词对于法学而言才是有用的。

从广义上讲，著作权法上的利益应当包含一切围绕作者或著作权人以及与作品相关的主体，基于作品的创作、利用以及使用等情况下产生的利益（好处），即著作权法上的利益应包含财产性利益和人身性利益。虽然著作权法中的利益较为广泛，但并非所有的利益都可在不同主体间进行分配。本书仅讨论著作权法当中的可分配利益。从狭义上讲，相对于不可转让的著作人身权，著作财产权及相关利益全部属于著作权法中可分配的利益。

（二）增值

著作权法的可分配利益包含作品的初始利益和增值利益。作

---

❶　书中对相关概念有较为详细的论述，在此不赘述。

❷　如唐湛然《法华文句记》卷六之二："功德利益者，只功德一而无异。若分别者，自益名功德，益他名利益。"《汉语大词典》（第二卷）[M]．北京：汉语大词典出版社，1988：638．

❸　如《红楼梦》第五十六回："幸于始者怠于终，善其辞者嗜其利。"《汉语大词典》（第二卷）[M]．北京：汉语大词典出版社，1988：634。将"利益"解释为好处的还可参见：现代汉语词典 [M]．北京：商务印书馆，1980：689、690；辞海（下）[M]．上海：上海辞书出版社，1979：3976．

品的初始利益体现于著作权权利配置阶段。而作品增值利益产生于人们对作品的利用，常发生在著作权的利用阶段。

作品增值顾名思义指的是作品价值的增加。而作品的价值衡量是一个十分复杂的问题，涉及经济学中的商品价值衡量问题。本书对作品增值利益的研究，是建立在作品作为一种商品，其价值可以衡量的基础之上进行的。不仅如此，对作品价值的衡量，需以其市场价值作为判断标准，即作品的价值表现为其市场价格。作品的增值就是作品在市场中的价格增长，或其在市场中销售量增加带来的价格总量的增长。作品的增值利益，就是在利用作品过程中产生的，伴随市场交易而增加的那部分利益。

（三）要素

马克思认为要素即生产要素，是进行物质资料的生产所必需的因素或条件，即劳动者和生产资料。前者是人的因素，后者是物的因素，包括劳动资料和劳动对象。各要素在生产中的相互作用反映了人与自然界的关系，表现为人类控制和改造自然的能力。❶

在作品利益的构成中，参与著作权利益链的主体十分复杂，主要包括作品的创作人和再创作人、使作品能够进入市场的投资者、作品的管理运营者以及作品的终端使用者。相应地，在利益产生过程中，每一主体均进行了相关投入，即"要素"。作为活劳动的"创造"，是作者对著作权利益产生所投入的要素。作为物化劳动的"资本"，是投资者在作品的产生、市场化过程中投入的要素。由于现代化的市场运营中不能缺少宣传、管理等行为，因此"管理"这一要素在作品获利的市场化运营中也是十分重要的。除此之外，利益构成要素还应当包括市场的最终反馈，即作品终端消费者的"使用"，这一要素往往是最容易被忽略的。

---

❶ 许涤新. 政治经济学辞典 [M]. 北京：人民出版社，1980：110.

四、研究框架及内容

（一）研究框架

本书在架构上采取"总—分—总"的论述形式：

1. 在"总论"中提出问题

总论共分为两个部分：第一部分，首先，对本书的相关概念进行具体界定，其次，将论述内容限定于一个可探讨的理论体系框架下，最后，对本书所涉及的关键问题——作品的增值利益，依照不同的产生原因进行分类，便于后文的分类讨论。

第二部分，论证著作权法的价值以及对作品增值利益进行分配的原则。首先，在经济学领域内选取一个合理可行的分配方式——按要素分配方式。其次，论证在法学领域内适用要素贡献分配理论，需要遵循以分配正义为最高追求的法律价值理念。最后，确认将要素贡献原则作为作品增值利益分配的基本原则，并由此制定出具体的分配原则。

2. 在"分论"中分析问题

分论共有三部分内容，是在对作品增值利益进行分类的基础之上展开的。第一部分，主要论述在作品的演绎性使用过程中，因作品内容发生改变而产生的作品增值利益的分配问题；第二部分，重点探讨作品的传播性使用过程中，传播方式发生改变所产生的增值利益分配问题；第三部分，则细致分析了转售性使用过程中，作品内容和方式均未发生改变时增值利益的分配问题。无论何种类别的增值利益，在对其进行分配之时，均应当遵循按要素贡献进行分配的作品增值利益分配原则。

分论的三部分内容，均为对要素贡献分配原则的具体适用。虽然从表面上看这三部分内容的论述，在横向上都是以作品增值利益产生的不同种类为线索展开的，是并列的关系。实际上，每一部分都贯穿着不同主体的要素投入，这是纵向线索。随着主体要素投入的不断增加，每一部分所考察的作品增值利益的要素分配之间，逐渐展现出了递进的关系。即第一部分主要对"创造"要素进行考察，第二部分对"创造"与"资本"要素进行衡量，第三部分则需要对四种要素进行考量。

不仅如此，分论的三个部分并非采取机械性的重复论述，而是从不同视角利用不同论证方式，对作品的增值利益分配问题进行分析。第一部分，主要针对演绎作品的保护问题，从历史的角度引发对现实的思考；第二部分，从现实的角度，对两大法系关于二次获酬权的现有制度进行比较分析；第三部分，则利用纵向历史和横向制度比较的双重视角，对艺术品的增值利益分配问题进行探讨。

3. 在"总结"中解决问题

总论和分论分析提出问题，都是为了最终能够解决问题。作品的增值利益分配问题，是一个十分复杂而有意义的问题。总论当中对作品增值利益分配基本原则的确立，为分论中不同类型的增值利益分配提供了指引。分论则在坚持基本分配原则的基础之上，对不同种类增值利益分配的历史和现有制度进行考察与比较，并对不同要素进行衡量。这些都为最终解决作品增值利益分配问题作出了贡献。实际上，通过前面两大部分的论述，作品增值利益分配问题的解决之道早已呼之欲出。结论部分就是在前文的基础之上，点明作品增值利益分配问题的解决方案。

（二）研究方法

研究方法总的指导原则：（1）立足于社会存在决定社会意识，把利益分配的探讨作到尽可能客观、真实，尽量做到"看得见的正义"；（2）立足于社会现象的普遍联系和相互作用的观点，从社会状况、传播方式、技术革新等多视角来构建整个作品增值利益的分配体系；（3）立足于价值衡量。首先，在对作品进行保护时，不应给作品传播和使用造成障碍；其次，在作品增值利益分配的构建和论证时，要公平地关注利益链上的全部主体；最后，在分配理念中，确认著作权法应当追求的价值目标——分配正义。

结合上述研究框架，在研究方法原则的指导下，本书主要使用以下四种研究方法：

1. 规范分析法

对相关的国内外经典文献进行规范性的梳理和研究，分析论证作品增值利益的构成和分配原则等基本问题。

2. 比较研究法

针对本书涉及的具体问题，比较国内外相关法律保护的制度背景、价值取向、分配模式与运作机制，力求论证翔实，提高说服力。

3. 案例分析法

实践当中涉及作品增值利益分配的案例已不鲜见，这为本书的写作提供了大量素材。笔者将遵循法学研究的基本进路，以法学的视角在相关案件中发现和总结理论观点，强化实践对理论的促进意义。

4. 经济分析法

理性人在社会生活中会通过成本与收益的比较来算计得失，这也是"经济学帝国主义"在其他学科领域攻城略地的原因。法经济分析所具有的明确价值取向，为著作权制度的法律构造提供了科学的理论工具，使著作权制度卸下许多不必要的价值目标，最终按照明晰的价值序列，进行增值利益分配的制度设计。

（三）研究内容

本书以作品的增值利益构成及其分配的原则和方法为主线，对作品的增值利益的法律分配问题进行研究。

首先，研究作品的增值利益，必须确定何种利益是可分配的利益。通过对可分配的利益以及利益链上的参与人进行界定，来确立研究的横向线索。其次，增值利益不是凭空产生的，利益必然会由不同的主体通过要素的投入分阶段地产生。其中，不同要素的投入会产生不同的增值利益。总体而言，增值利益产生于作品的后续使用过程中，演绎性使用、传播性使用和转售性使用均可以产生作品增值利益。因而，以作品增值利益产生的三种方式为纵向线索，对不同方式产生的增值利益分配问题进行分析。最后，对各种类型的增值利益分配矛盾进行拆分解析，总结出整体性的增值利益法律分配原则和方法，力图塑造出具有著作权法特色的作品增值利益分配的具体运作方式。

第一章　作品的增值利益及其构成要素

　　随着技术的发展，作品传播方式发生了革命性变化，每个人都可以成为作者和传播者。特别是在数字时代，由于作品创造的爆发性增长，著作权市场被极大地激活，作品有了更多被利用的机会，作品增值成为常态。如果作品增值中利用者和权利人为同一主体，则增值当然归属权利人。而当他人利用作品使其增值时，增值后的利益是否应当在权利人和利用人之间进行分配以及如何分配，便成了当今立法和司法中需要解决的问题。

　　知识产权法学界对作品增值利益的分配问题，已有所关注。比如，有学者从作品运用方式入手对增值利用问题进行分析，并强调法律保护的重要性。❶ 另外一些学者则从个人与社会的角度考量，提出作品增值利益应遵循利益平衡的分配原则。❷ 除此之外，也有学者以《著作权法》的修订为契机，从增值利益产生的不同形式出发，对著作权法的制度建设提出不同看法。❸ 毫无

---

　　❶ 周洪雷. 网络彩铃音乐的启示：音乐作品版权的出让与增值［J］. 人民音乐，2007（1）；夏颖. 版权资源增值利用运作研究［J］. 编辑之友，2009（11）；陈一，冉从敬. 面向公共部门信息增值创造保护的知识产权制度［J］. 图书与情报，2014（6）.

　　❷ 夏颖. 出版企业在版权资源增值利用中与公益性图书馆之间利益的平衡［J］. 经济研究导刊，2012（12）；朱慧. 激励与接入：版权制度的经济学研究［D］. 杭州：浙江大学，2007.

　　❸ 宋海燕. 论中国版权法修改稿中涉及视听作品的"二次获酬权"［J］. 中国专利与商标，2012（4）；戴哲. 视听作品"二次获酬权"研究［J］. 电子知识产权，2013（12）；周园，邓宏光. 论视听作品作者的利益分享权：以《中华人民共和国著作权法》第三次修订为中心［J］. 法商研究，2013（3）；丁丽瑛，邹国雄. 追续权的理论基础和制度构建［J］. 法律科学，2005（3）；张今，孙伶俐. 追续权：艺术家的福利［J］. 法学杂志，2013（4）；李雨峰. 论追续权制度在我国的构建：以《著作权法》第三次修改为中心［J］. 法律科学，2014（1）.

疑问，现有的研究对作品增值利益分配问题的探讨十分有益。美中不足的是，这些研究没有从要素的角度去分析作品的增值，忽视了各利益主体在增值利益构成中的贡献。

有鉴于此，本章将从著作权法中的利益与增值入手，对作品增值利益的类型和要素进行探讨，并在此基础之上，尝试从要素贡献的角度出发寻求增值利益分配的合理方式。

第一节　作品的利益与增值

一、著作权法中的作品利益

在汉语中"利"有锋利、利益、功用、赢利、资源等意。❶"益"也有增加、长进、利益之意。❷ 二者结合后的"利益"一词，原为佛教用语，指利生益世的功德。❸ 而现在，"利益"多为"好处"之意。❹"利益"一词的英文表述为"interest"，在英语中"interest"不仅有"利益""利益关系"之意，还有"权益"之意。在广义上，利益包含与财产相关的权利（right）、产权（title）以及请求权（claim）或合法份额（legal share）。❺ 无论是汉语中的"好处"还是英语中的"权益"，一直以来，人们

---

❶　如《战国策·秦策一》："大王之国，西有巴蜀汉中之利。"辞源（修订版）（第一册）［M］. 北京：商务印书馆，1979：348.

❷　如《书·大禹谟》："满招损，谦受益。"汉语大词典（第七卷）［M］. 北京：汉语大词典出版社，1988：1422.

❸　如唐湛然《法华文句记》卷六之二："功德利益者，只功德一而无异。若分别者，自益名功德，益他名利益。"汉语大词典（第二卷）［M］. 北京：汉语大词典出版社，1988：638.

❹　如《红楼梦》第五十六回："幸于始者怠于终，善其辞者嗜其利。"汉语大词典（第二卷）［M］. 北京：汉语大词典出版社，1988：634。将"利益"解释为好处的还可参见：现代汉语词典［M］. 北京：商务印书馆，1980：689—690 页；辞海（下）［M］. 上海：上海辞书出版社，1979：3976.

❺　薛波. 元照英美法词典［M］. 北京：法律出版社，2003：712.

对"利益"的讨论均是在一个较为宽广的范围内进行的，而"利益"被讨论较多的领域之一当属法学领域。❶ 在利益法学家看来，利益并不单单指物质上的利益，它还应包含道德的、宗教的以及人类最高的利益等，只有在最广泛的意义上，"利益"一词对于法学而言才是有用的。❷

　　在著作权法中探寻作品的利益，不得不提及《安妮法案》。《安妮法案》的产生，源于书商对作品垄断利益的追求。❸ 该法案之所以被视为第一部具有现代意义的著作权法，是因为其实现了对著作权从特权向私权保护的转变。❹ 通过赋予作者以私权，即著作权的保护，该法案被粉饰为作者权利的保障法。然而，由于作者并无出版作品的能力，为了获取创作的报酬，只得将著作权转售于拥有资本和技术的书商；而书商则通过市场交易，将原本属于作者的著作权转化成为自己的财产权，继而依靠出售包含著作权的商品进行获利。至此，本应由作者享有的权利变成了书商追逐利益的工具，"遍身罗绮者，不是养蚕人"的市场现象最终形成。在此过程中，书商积极推动立法进程，并为自己的利益不遗余力地向政府游说。最终，书商的利益通过法律的形式得以保障。这是耶林提出的"法律的创造者不是概念而是利益"的

---

❶　如张文显教授指出："法作为社会控制的手段，必须规定各种利益的分配，平衡各种利益关系，有时法还是各种不同利益的相互平衡与妥协的产物。"张文显. 法理学 [M]. 北京：法律出版社，1997：54. 梁慧星教授也认为："法律是为解决社会现实中发生的纷争而确定的基准，成为其对象的纷争无论何种意义上都是利益的对立和冲突。"梁慧星. 电视节目预告表的法律保护与利益衡量 [J]. 法学研究，1995（2）.

❷　HECK. Interessenjurisprudenz, Gastvorlesung an der Uni [J]. Frankfurt vom, Tübingen, 1933 (97).

❸　SHERMAN B, BENTLY L. The making of modern intellectual property law: the british experience, 1760—1911 [M]. Berkeley: Cambridge University Press, 1999: 12.

❹　Statute of Anne [J]. Anne, c., 1710 (8): 19.

最好例证。❶

二、著作权法中的可分配利益

保护作品的著作权，会影响其他竞争者的利益。❷ 虽然最终制定出的法律文本是利益各方博弈的结果，但是法律的具体内容以及目的满足的程度，却取决于失败者利益的分量。❸ 立法目标被满足的程度决定了法律作为手段的有效性，❹ 法律形成的过程充满了众多利益的抗衡，法律目的实现是利益冲突的动态效果，因此，法律规范中的目标往往不是唯一的。由于蕴含在法律中的目标是复合多样的，可依据目标体系中的顺序对其进行分类。❺

我国《著作权法》中体现的立法目的为复合型立法目的，包含了直接目标——保护著作权、中间目标——鼓励创造和传播，以及最终目标——促进文化和科学的发展与繁荣。❻ 三者之间看似存在某种递进的关系：法律通过对作者权利的保护来鼓励

❶ JHERING R V. der Zweck im recht, Bde. I, S. V, Vorrede［M］. Breitkopf und Hartel, 1877.

❷ 在论证法律与不同利益角逐的关系时，利益法学代表人海克专门提到了著作权。他指出：某一作品的著作权得到承认，某项新发明被授予专利，竞争者和后来的发明者的利益就会因此而受到抑制。

❸ HECK. Interessenjurisprudenz, Gastvorlesung an der Uni［J］. Frankfurt vom, Tübingen, 1933（97）.

❹ LLEWELLYN K N. Some realism about realism: responding to dean pound［J］. Harvard Law Review, 1931（44）: 1222.

❺ ROBERT S. Professor Fuller's jurisprudence and America's dominant philosophy of law［J］. Harvard Law Review, 1978（92）: 433.

❻ 保护著作权也可以被理解为手段，即通过对著作权的保护来达到鼓励创造和传播以及促进文化和科学发展与繁荣的目的。但自从著作权法产生以来，保护作者的权利或保护作品的权利就是立法的重要目的之一，本书结合立法目的来认识著作权的保护，认为著作权法的具体内容是为了保护著作权而作的制度设计。《著作权法》第1条："为保护文学、艺术和科学作品作者的著作权，以及与著作权有关的权益，鼓励有益于社会主义精神文明、物质文明建设的作品的创作和传播，促进社会主义文化和科学事业的发展与繁荣，根据宪法制定本法。"

作者进行创作，通过对邻接权人的保护等来鼓励作品的传播，并通过鼓励作品的创作与传播使社会中流通的作品总量得以增加，进而达到促进科学文化发展的既定目标。然而，美好的愿景之间也可能存在冲突。对作者进行保护，可能产生作者单方面不愿将作品投入市场传播的情况；如果作者将著作权转让给投资者，基于收回成本的考虑，投资者可能会高价出售作品，导致普通消费者无力购买相关商品而失去接触作品的机会。以上两种情况均有可能产生保护著作权的同时阻碍传播的现象，即保护著作权可能会对传播造成阻碍。相反，盗版的存在虽然侵犯了著作权，但是在事实上却达到了促进传播的效果。

尽管著作权激励理论认为，著作权是对作品创作和传播的激励，❶ 而实际上，著作权法的产生源于商人对丰厚利润的追求，创造源于人类天性，传播则源于市场需求。因此有人认为：没有著作权的保护，作品的数量也许更多。❷ 著作权法一直以来标榜对作者著作权的保护及对创作和传播的激励，正如贾斯汀·休斯所言是认识论上"游乐园效应"（funhouse epistemology）的体现。❸ 事实上，著作权作为一种制度安排，正是源于资本的增值需求。❹ 而在著作权法框架内，利益存在多样性和冲突性，不同

---

❶ 熊琦. 著作权激励机制的法律构造［M］. 北京：中国人民大学出版社，2011：24.

❷ 波斯纳. 法律与文学［M］. 李国庆，译. 北京：中国政法大学出版社，2002：527.

❸ 认识论上的"游乐园效应"（funhouse epistemology）是指：两样东西互为镜像时会变得更易于为人们所接受。休斯在论证财产法与财产法理论时指出："现行法律在不同程度上证实了不同财产理论的可靠性，并且，这些理论也在不同程度上证实了现行法律的正当性。"休斯. 知识产权哲学［M］//刘春田. 中国知识产权评论（第二卷）. 北京：商务印书馆，2006：3.

❹ 黄海峰. 知识产权的话语与现实：版权、专利与商标史论［M］. 武汉：华中科技大学出版社，2011：40.

利益主体追求的价值目标时而相似，时而迥异。❶ 著作权法的立法宗旨，应为解决现实生活中出现的因作品利益分配引发的矛盾，公平地确认、分配作品市场化所产生的利益而非其他。❷ 著作权法的价值内涵，应当从创造伦理转向分配正义。❸ 对利益进行公平的分配，必须明确何为著作权法中的可分配利益。

"利益法学"早已将利益冲突的决断视为法条产生的原因。❹ 其代表人物海克认为：虽然耶林强调利益保护，并将其视为法律的目的，但仅对法律目的进行考虑是不够的，还应当认识到法律真正的基础是利益冲突。❺ 依照利益法学的解释，从广义上讲，著作权法上的"利益"应当包含一切围绕作者或著作权人以及与作品相关的主体，基于作品的创作、利用以及使用等情况下产生的利益（好处）。❻ 正如戈斯汀教授指出的："版权在大多情况下是关于金钱的。"❼ 著作权法上的利益首先应包含财产性利益。除此之外，由于著作权在一定的情况下还体现出人身属性（比如作者的署名权、保护作品完整权等），因此，著作权法上的利益还应当包含人身性的利益。❽ 虽然著作权法中的利益较为广泛，

---

❶ 冯晓青. 知识产权法利益平衡理论 [M]. 北京：中国政法大学出版社，2006：7.

❷ 李琛. 著作权基本理论批判 [M]. 北京：知识产权出版社，2013：25.

❸ 李琛. 论知识产权法的体系化 [M]. 北京：北京大学出版社，2005：3.

❹ 吴从周. 概念法学、利益法学与价值法学：探索一部民法方法论的演变史 [M]. 北京：中国法制出版社，2011：6.

❺ 海克认为每一个法律诚命（Rechts – oder Gesetzesgebot）都决定了一个利益冲突。对于利益法学而言，利益并不仅指物质利益，它还含有人类的最高利益以及道德和宗教的利益，只有在最宽泛的意义上，利益一词对于法学才是有用的。HECK. Interessenjurisprudenz, Gastvorlesung an der Uni [J]. Frankfurt vom, Tübingen, 1933 (97).

❻ 冯晓青. 知识产权法利益平衡理论 [M]. 北京：中国政法大学出版社，2006：7.

❼ GOLDSTEIN P. Copyright's highway: from Gutenberg to the Celestial Jukebox [M]. Rev. ed. Palo Alto: Stanford University Press, 2003：7.

❽ 著作权的人身利益不仅体现在著作权法中规定的人身权利上，还包括作者个人因作品而获得的声望、成就感等不以金钱形式或法律形式表现出的好处。

但是，并非所有的利益都可在不同主体间进行分配。人身权与财产权的区分，恰好体现出了著作权法中利益的可分配性问题。❶

　　具体而言，权利的配置（诸如权利设置、权利归属等问题）属于利益分配机制中的首要部分。权利的配置包含著作人身权和财产权的配置，其中著作人身权的配置涉及是否承认基于人身属性的权利、人身权利由何人享有、人身权利的多少等问题。然而，著作人身权是不可转移的，即著作人身权作为权利进行初始配置时是著作权法上可分配的利益，但基于纯粹的人身权利而产生的不可转让的利益则不属于著作权法上的可分配利益。除此之外，财产利益的分配与二次分配以及财产权利的移转和限制等，也是利益分配机制所包含的重要内容。由于财产性权利的可转让性，著作权的财产利益均为可分配的利益。简言之，在著作权法中，初始的分配利益应包括作者获得的成就感等精神上的利益以及物质上的利益，著作权人、传播利用者获得的经济收益以及最终使用者因作品而获得的知识和精神上的收获等。从狭义上讲，相对于不可转让的著作人身权，本文讨论的是著作财产权及相关利益，它们全部属于著作权法中可分配的利益。

　　三、作品的增值利益

　　著作权法的可分配利益包含作品的初始利益和增值利益。作品的初始利益体现于著作权权利配置阶段，正如边沁所言："权利对于享有权利的人来说本身就是好处和利益。"❷ 著作权的归属看似是权利配置的过程，实际上是著作权法对作品初始利益分配的预设。而作品增值利益产生于人们对作品的后续使用过程中，常发生在著作权的利用阶段。正如蒲鲁东将传统的财产权划

---

❶　李琛. 著作权基本理论批判［M］. 北京：知识产权出版社，2013：167.

❷　边沁. 立法理论［M］. 李贵方，等，译. 北京：中国人民公安大学出版社，2004：117.

分为"拥有的权利"和"增长的权利"，❶ 著作权法对权利归属进行判定，解决的是初始的利益应由何人拥有的问题，而在作品利用过程中出现的增值利益分配难题，实际上便是著作权作为增长的权利时带来新增利益的分配问题。

作品增值，顾名思义指的是作品价值的增加。分析作品增值问题的前提，是作品价值的衡量。而作品的价值衡量是一个十分复杂的问题，涉及经济学中的商品价值的衡量问题。在经济学领域内，先后出现过劳动价值论、边际效用论和一般均衡论理论。

劳动价值论是指，劳动是衡量一切商品交换价值的真实尺度。亚当·斯密在对分配问题进行研究时发现了商品的价值悖论，即商品的使用价值与交换价值并非统一的：使用价值大的东西交换价值往往很小，反之亦然。这是他使用劳动价值论无法解释的一种现象。❷ 19 世纪 70 年代出现的新古典主义学派，它们放弃了传统的劳动价值论，认为劳动是不同质的，其本身就难以量化，所以难以利用劳动作为衡量商品价值的标准。新古典学派在主观效用的基础之上提出了边际效用价值论，这也引发了所谓的"边际革命"。边际学派认为：商品的价值决定于它的边际效用，商品的边际效用是递减的。而生产要素的价格取决于它们的边际生产力，工资等于最后单位劳动的产出，地租等于最后单位土地的产出，利息等于最后单位资本的产出，不同要素的分配均遵循它们的效用。❸ 而均衡理论则认为：商品的价格是由市场决定的，是受供求关系所影响的。❹

---

❶ 克里斯特曼. 财产的神话 [M]. 张绍宗，译. 桂林：广西师范大学出版社，2004：3.

❷ 斯密. 国民财富性质和原因的研究（上卷）[M]. 郭大力，王亚楠，译. 北京：商务印书馆，1997：29.

❸ 孙洛平. 收入分配原理 [M]. 上海：上海人民出版社，1996：33.

❹ 何传启. 分配革命：按贡献分配 [M]. 北京：经济管理出版社，2001：172.

本书对作品增值利益的研究，是在作品作为一种商品，其价值可以衡量的基础之上进行的。不仅如此，对作品价值的衡量，需以其市场价值作为判断标准。即作品的价值，表现为其市场价格，理由如下：首先，如果仅创作作品，而不在市场中销售或传播作品，也就谈不上利益分配了，因为此时并没有产生著作权法中可分配性的财产利益。其次，尽管作品当中凝结着无差别的人类劳动，但是不同劳动的性质终究有所不同，创造性劳动的价值更是难以衡量。为了便于利益分配，可选取更为直接、明显的市场价值作为衡量标准。❶ 最后，与本书讨论的作品增值利益中的"增值"相对应的概念是"贬值"或"价值减损"。只有当作品成为商品，在市场销售，并以价格来衡量时，这一组相对应的概念方可正常使用。

综上所述，作品的增值就是作品在市场中的价格增长，或其在市场中销售量的增长。作品的增值利益，就是在作品后续使用过程中产生的伴随市场交易而增加的那部分利益。在以利益为保护起点的著作权法，最终被冠以促进创新之名后，学界对利益的关注，逐渐集中于著作权法的利益平衡之上，平衡论随即成为主流观点。❷ 虽有学者对平衡论提出质疑，认为利益平衡是所有法律均应遵循的普遍规律，并非著作权法之独有目标，进而提出激励论，❸ 却依然鲜有从作品增值利益分配的角度出发，对著作权法律制度进行的整体性思考。❹ 实际上，法学相对于追求效率和利益最大化的经济学而言，更应注重公平与正义。著作权法的症

---

❶　后文对此问题还有详尽论述，在此不赘言。

❷　郑成思．网络盗版与"利益平衡"［J］．韶关学院学报（社会科学版），2005（2）；冯晓青．知识产权法利益平衡理论［M］．北京：中国政法大学出版社，2006：3.

❸　熊琦．著作权的法经济分析范式：兼评知识产权利益平衡理论［J］．法制与社会发展，2011（4）.

❹　李琛．著作权基本理论批判［M］．北京：知识产权出版社，2013：25.

结并非是否应当平衡，而是如何使之平衡，即如何实现作品利益的公平分配，这其中就包含着作品增值利益的分配。

第二节　作品增值利益的类型

"琼瑶于正案"❶ "游戏侵权第一案"❷ "大头儿子小头爸爸案"，❸ 这些热点案件，均为改编权引发的纠纷，体现了作品利用过程中产生的增值利益的分配矛盾。对热门作品的改编，反映出人们通过利用而使作品增值的需求，这种需求是符合市场运行规律的。当然，由于作品的利用是增值的基础，因而对作品增值利益的追求应以保障作品的利用为前提。

在作品增值过程中，创作人、权利人和利用人如果为同一主体，增值当然归属权利人；而当他人通过利用而使作品增值时，对于增值后的利益是否应当在创作人、权利人和利用人之间进行分配以及如何分配便成了亟须解决的问题。既然作品增值利益的产生存在于作品利用的阶段，那么，作品利用的内容和方式不同便会产生不同种类的增值利益。

著作权法中的利益分配涉及两个层次的问题。首先，知识的创造离不开前人的知识，由于著作权的客体是作品，而作品具有公共物品的属性，❹ 因此公共物品的非排他性与著作权的排他性

---

❶　参见北京市高级人民法院（2015）高民（知）终字第 1039 号判决书。

❷　号称"游戏侵权第一案"的"金庸小说改编权案"由北京市海淀区人民法院审理，法院一审判决被告奇游公司未经许可将金庸小说改编为手游，构成著作权侵权及不正当竞争，判决赔偿畅游公司 150 万元，赔偿完美公司 60 万元。相关内容参见：金庸作品侵权案判决，游戏产权保护迎来转折点［EB/OL］．（2015 - 08 - 17）［2015 - 09 - 12］．http：//www. legaldaily. com. cn/legal _ case/content/2015 - 08/17/content_6224059. htm？node = 33834.

❸　参见杭州市滨江区人民法院（2014）杭滨知初字第 636 号判决书。

❹　卢海君．版权客体论［M］．北京：知识产权出版社，2014：10.

设计,❶ 就体现出了社会公众与私人之间的利益矛盾,这即为著作权法中第一层次的利益分配问题。其次,由于著作权是私权,而权利又是利益的法律载体,因此作品创作人、著作权人、传播者与使用人之间的利益分配也是著作权法律制度内在构造的重要环节。将作品产生的利益公平地分配到利益链中每一个参与主体,即为著作权法中第二个层次的利益分配问题。在这两个层次中,第一层次的问题,主要体现在是否对著作权予以保护以及保护的程度设置上,属于著作权法中相对宏观的问题;而第二层次的问题,则主要解决私权主体之间的利益分配问题,是著作权法中相对微观的问题,即本书重点探讨的问题。

一、演绎性使用产生的作品增值利益

对作品进行演绎而形成的新作品——演绎作品,是在作品的演绎性使用过程中,使作品内容改变而产生增值利益的典型代表。演绎作品是基于已有作品产生的一种新的特殊作品,将小说改编成电影、动漫改编成游戏等为演绎作品的典型形式。相对于原作品,演绎作品所产生的利益为原作品的增值利益。美国是最典型的在版权法中对演绎作品进行定义的国家,❷ 我国《著作权法》仅对演绎作品的归属作了较为原则的规定。❸

演绎作品的存在和发展是作品的利用与传播价值的最佳印证。由于演绎行为是基于原作品进行的,演绎作品在客观上扩大了原作品利用的可能性。不仅如此,演绎作品还可产生晕轮效

---

❶ 帕金. 经济学 [M]. 梁小民,译. 北京:人民邮电出版社,2003:355.

❷ 参见美国版权法第101条,录音制品是指固定声音的实物;而录音作品,是指固定在诸如唱片、磁带或其他录音制品上而产生的乐声或其他声音所构成的作品。

❸ 《著作权法》第12条:"改编、翻译、注释. 整理已有作品而产生的作品,其著作权由改编、翻译、注释、整理人享有,但行使著作权时不得侵犯原作品的著作权。"

应，❶ 带动原作品与演绎作品的双向市场繁荣。例如著名网络小说《鬼吹灯》，已被改编为两部电影，其八本原创小说也将被改编为网络电视剧。喜爱原著的读者一般情况下会观看改编后的影视剧，并且可能会在各种平台上积极地发表对改编后影视剧中的人物、情节设置等的意见，客观上也为影视剧的播出制造了话题效应；而尚未阅读过原著的影视观众也可能出于对电影的喜爱或急于知晓电视剧后续情节的发展，转而购买原著进行阅读。

对于演绎作品的保护，可以分为对演绎人的保护和对原作品作者的保护以及不保护。现今各国基本上都选择给予符合要求的演绎作品以整体保护，对于其中演绎人创造的部分赋予演绎人权利，对于原作内容则给原作人以保护。由于演绎作品依附于原作品，如果法律不对其进行规定，则会有演绎作品的相关权利均归属于原作者的嫌疑，演绎人对演绎作品进行了投入，理应享有相应的权利。但是，演绎作品出自原作品，如果由演绎人完全地享有全部利益，对原作者而言又是不公平的。演绎作品产生的利益与原作品权利人的利益息息相关，行使演绎作品著作权时不得侵犯原著作权的法律规定，就是对演绎作品产生的增值利益分配的一种原则性概括。

二、传播性使用产生的作品增值利益

作品在传播使用的过程中，可以产生增值利益。具体而言，作品的每一次有偿传播都可以为相关权利人带来利益。一般情况下，权利人可以依照自己享有的著作权，将作品传播的权利授权给他人使用。他人在获得授权时，会支付作品著作权人相应的费用。然而，在技术的冲击下，作品在传播性使用过程中，可能产生新的传播方式。新的传播方式往往是授权协议以外的传播方

---

❶ 晕轮效应又称"光环效应"，是指当认知者对一个人的某种特征形成好或坏的印象后，他还倾向于据此推论该人其他方面的特征。

式，利用新技术或新方式对作品进行传播性使用，可以为权利人带来增值利益。由于不存在法律保障的相应权利，这部分增值利益往往不能被权利人获得。在现有传播技术下，作品非传统方式的传播性使用，也可能产生增值利益。此时，作品的增值利益应当如何分配，便成为利益主体十分关心的问题。由于视听作品的传播与技术联系更为紧密，产生的增值利益也较多，再加上其利益链上参与的主体十分复杂，因而本书以视听作品为例，对传播性使用产生的作品增值利益进行探讨。

以电影作品为例，在影院放映电影过后，又在网络平台进行播放的过程，就是对电影作品的传播性使用。相对于影院放映，利用网络平台播出电影，即为权利人行使信息网络传播权对该影片的再次利用。相对于第一次的影院放映，网络传播的再次利用可以使作品产生增值利益，即对作品进行传播性使用的过程，也可产生作品的增值利益。我国的电影综合收入已从 2006 年的不足 60 亿元上升至 2014 年的接近 300 亿元，❶ 随着《电影产业促进法》草案的出台，视听作品作为一支强劲的力量，更有望带动我国相关文化产业的繁荣发展。❷

一部视听作品凝结了原著者、编剧、导演，乃至作词、作曲等众多利益主体的智力创作，并包含剧本、影视、音乐等作品。其中，音乐作品更是涉及著作权产业中的全部五个市场。❸ 为视听作品配乐的作家通过词曲的创作与编排，有时可延展一首作品的效益。在美国，获得高票房的电影其电影原声（Original Sound Track，OST）的市场也会十分火爆。视听作品中包含的音乐作品也可以通过其他方式的利用而获得增值利益，如在"巴拉斯诉特

---

❶　数据来自"中经网统计数据库"。

❷　此处的"视听作品"概念来自《著作权法》（修订草案送审稿）第 5 条第 12 款。

❸　五个市场分别是复制、发行、向公众传播、表演与广播。WIPO. Guide on Surveying the Economic Contribution of the Copyright – Based Industries. 2003.

德斯科"一案中,一个舞者想在其舞蹈比赛中使用电影《泰坦尼克号》的音乐,并承诺以 15000 美元价款作为编曲、制作、混音的回报。❶ 虽然双方最终并未成功合作,但制作人依然通过在舞蹈比赛中出售该音乐而获得了增值收益。这种在传播性使用过程中改变作品传播方式而产生的增值利益,是否需要在各权利主体间进行分配及如何分配,也是立法及学界讨论的热点。比如对视听作品的二次获酬权在《著作权法》第三次修订中的取舍问题,就体现了作品利用方式转变产生的增值利益分配问题。

三、转售性使用产生的作品增值利益

作品的转售性使用过程也可能产生增值利益。当然,一般情况下作品转售价格不会高于原价。但是艺术品的转售价格往往高于其原始的销售价格。因而,艺术品在转售的过程中也可能产生增值利益,即在艺术品本身并未发生改变,在其使用方式也相同的情况下作品产生了增值利益。这种转售性使用产生的艺术品增值利益,体现了该艺术品自身的增值。艺术品转售产生的增值利益,促使一种名为"追续权"的制度产生。随着法国、德国、意大利等国家通过立法对追续权进行保护,❷ 许多国家和地区也陆续建立追续权制度来保障作者的经济利益。在我国《著作权法》的第三次修订过程中,关于追续权的设立问题也引发了学界的广泛讨论。❸

一幅名画的拍卖一定会吸引众多收藏家的关注,其成交价格

---

❶ 参见:莫泽. 音乐版权 [M]. 权彦敏,曹毅搏,译. 兰州:西安交通大学出版社,2013:57.

❷ 法国知识产权法典第 L. 122 - 8 条,德国著作权法第 26 条,意大利著作权法第 147 条。

❸ 《著作权法(修订草案送审稿)》第 14 条:"美术、摄影作品的原件或者文字、音乐作品的手稿首次转让后,作者或者其继承人、受遗赠人对原件或手稿的所有人通过拍卖方式转售该原件或手稿所获得的增值部分,享有享收益的权利,该权利专属于作者或者其继承人、受遗赠人。其保护办法由国务院另行规定。"

也常会高得令人瞠目结舌。然而，美术作品并非生而尊贵。例如凡·高，一生穷困潦倒，生前只卖出一幅画作，而死后却声名大噪。现如今，凡·高作品的售价与他在世之时不可同日而语。像凡·高一样的画家还有很多，作者成名前销售的作品，随后被作品原件所有者再次售卖而获得的增值利益，是否应当与作者进行分享，成为作者及其继承人十分关心的问题。作者及其继承人是否具备参与增值利益分配的资格，其参与利益分配的合理性又为何？如果美术作品的增值利益需要在不同的主体之间进行分配，那么应当按照怎样的原则进行分配才是合理的？这些都是在作品转售性使用过程中作品和利用方式均未改变的情况下，作品增值所引发的现实难题。

四、作品增值利益的分类说明

作品增值利益产生于作品利用的阶段，依照作品后续使用方式的不同，可将作品增值利益分为三类：第一类作品增值利益，是作品在演绎性使用过程中产生的增值利益，此时作品的内容发生了改变。第二类作品增值利益，是在作品传播性使用过程中产生的增值利益，此时作品增值利益的产生源于传播方式的改变。第三类作品增值利益，则是在作品的转售性使用过程中产生的即内容和传播方式均未改变的情况下，作品自身产生的增值。

在此，有两点内容需要说明：首先，在演绎性使用的基础之上进行传播性使用，也可以产生作品的增值利益，即两种增值原因相结合也可产生增值利益。由于两种方式产生的作品增值利益本质上仍可以拆分为两个过程，而且两个类别的增值利益产生和分配方式并不矛盾，因此并未单独列出。其次，作品增值利益的产生与对著作权的利用并非一一对应的关系。例如，对已过著作权保护期的作品进行汇编，得到的汇编作品相对于原作品而言在经济利益上有所增值，但由于原作品并非正在受著作权法保护的作品，从狭义上讲，这部分增值利益并非在著作权利用中产生的。当然，也并非所有著作权的利用均能产生著作权增值利益。例如一位作家通过授权获得了一部科幻题材小说的翻译权，然而在翻译过程中，他突发灵感，最终创作出了一部同题材的小说。虽然他的创作过程利用了他人的著作权，但只要其小说具有独创性，且与之前的小说无任何实质性相似，即便利用了他人的著作权，产生出的作品仍为作者的原创，而由此产生的利益也并非之前小说的增值利益。

对问题进行分类，是最为常见的研究方法。类型化即通过对相互牵绊的内容进行梳理，找寻该问题内存在的共同点，将其呈现为多个相对容易分析的部分。这样一来，有助于复杂问题的简单化处理。作品的增值利益分配，就是一个极为复杂的问题。在对该问题进行分析时，当然也离不开对作品增值利益类别的区分。当然，作品增值利益的分类标准，应本着更利于解决分配矛盾的思路进行制定，并且在分类过程中注意类型化的科学性，如是否周延等问题。

按照作品后续使用方式，对作品增值利益进行分类的原因是：不同方式产生的作品增值利益，在分配时需要考量的侧重点有所不同。按照作品使用方式，即是否改变作品内容和传播方式，对作品增值利益进行分类，不仅符合后续研究的要求，还做到了分类内容上的周延性，可以说是一种较为科学合理的分类。

第三节　作品增值利益的构成要素

上述类型化的研究，使我们对作品增值利益有了较为直观的了解。而不同类型的增值利益又是如何产生的呢？要解答这一问题就必须从作品增值的利益构成要素角度进行分析。冯晓青教授曾对知识产权的利益构成要素进行过宏观层面上的概括，他认为利益的构成包含多方面的因素，其中主要包括利益构成的自然基础、社会基础、客观基础以及主观基础等。❶ 而依据"利益细分理论"（Maxime der Interessengliederung），❷ 笔者认为可从利益构成的微观层面对著作权法中的利益进行分析。

在作品利益的产生过程中，利益链上的参与主体十分复杂。概言之，主要包括以下四种：（1）作品的创作人和再创作人，即一般作品的作者、演绎作品的作者以及视为作者的法人；（2）使作品能够进入市场的投资者，投资者在一定条件下可以成为著作权人；（3）作品的传播者、管理运营者、宣传策划人等对作品进行利用的人，他们可能是邻接权人、著作权集体管理组织等；（4）作品的终端使用者，如读者等。相应地，在利益产生过程中每一主体均进行了相关投入，即"要素"。

利益的分配离不开权的确立和市场的交易。著名经济学家德姆塞茨对产权主体的生产要素投入进行了特别的说明，他认为主体对要素的投入以获得相应的收入为前提。❸ 经济学家亚当·斯密、李嘉图以及萨伊等人，则从不同的角度对按要素分配理论进行了论述。❹ 其中，萨伊在其"生产三要素论"的基础之上提出了"三位一体"的分配公式，他指出生产要素既然是创造价值的源泉，那么各生产要素的所有者，就可以根据各自提供的生

---

❶ 冯晓青. 知识产权法利益平衡理论［M］. 北京：中国政法大学出版社，2006：3.

❷ 海克在耶林的研究基础之上提出：目的概念需要用利益概念来加以补充，对法律进行研究时需要对利益进行细分。HECK. Begriffsbildung und Interessenjurisprudenz, 1932. S. 74.［M］. Ellscheid, Günter/ Hassemer, Winfried,（Hrsg.）：Interessenjurisprudenz, Darmstadt, 1974：89 - 108.

❸ 德姆塞茨. 关于产权的理论［M］//科斯，等. 财产权利与制度变迁：产权学派与新制度学派译文集. 刘守英，等，译. 上海：上海人民出版社，2014：73.

❹ 按要素分配是指在市场经济条件下，生产要素的使用者根据各种生产要素在生产经营过程中发挥的贡献大小，按照一定比例，对生产要素的所有者支付相应的报酬的一种分配方式。陈秀梅. 要素参与收入分配问题研究［M］. 北京：经济科学出版社，2010：27.

产性服务，取得各自应得的收入。❶ 虽然马克思批判了萨伊的"三位一体"公式，❷ 但其并未否认按要素分配的合理性。事实证明，要素分配理论不仅存在于西方经济学理论，而且早已应用于我国的经济实践之中。❸ 马克思认为要素即生产要素，是进行物质资料的生产所必须具备的因素或条件，即劳动者和生产资料。前者是人的因素，后者是物的因素，包括劳动资料和劳动对象。各要素在生产中的相互作用反映了人与自然界的关系，表现为人类控制和改造自然的能力。❹

具体到著作权领域，为形成相关利益，主体投入的要素分别为"创造""资本""管理""使用"。如果主体不能依据要素的投入而获得相应的收入，则有碍著作权及相关利益的产生。申言之，当作品增值利益产生之时，如果各主体不能依据要素投入获得相应的增值利益，则有碍著作权的利用和增值。

一、创造要素

作者基于创造而产生作品，创造行为是人类的天性，没有创造就不会产生作品。换言之，作为活劳动的"创造"是作者对著作权的利益产生所投入的要素。

对经过演绎性使用，使得作品内容变化而产生的增值利益进行分配时，考察不同主体的"创造"要素贡献是至关重要的。以演绎作品为例，由演绎作品产生的利益，相对于原作品的利益而言是一种增值利益。作品的演绎权归属于著作权人，他人若要

---

❶ 萨伊. 政治经济学概论 [M]. 北京：商务印书馆，1982：395.

❷ 马克思. 资本论 第3卷 [M]. 北京：人民出版社，1975：923.

❸ 如党的十四届三中全会通过的《关于建立社会主义市场经济体制若干问题的决定》中明确提出："允许属于个人的资本等生产要素参与收益分配。"党的十五大报告指出应"坚持按劳分配为主体，多种分配方式并存的制度。把按劳分配和按生产要素分配结合起来……允许和鼓励资本、技术等生产要素参与收益分配"。

❹ 许涤新. 政治经济学辞典 [M]. 北京：人民出版社，1980：110.

利用受法律保护的作品进行再创作，需获得原作著作权人的授权。获得授权的演绎人在已有作品之上进行再创作，并在无损于原作品著作权的情况下对其演绎作品享有著作权。演绎作品能够成为一部作品，必须满足作品的构成要件，其中对独创性要件的满足就源于演绎人的创作。然而，演绎作品中也包含了原作品作者的创作。因此，演绎作品增值利益分配时，需要对不同的"创造"要素，在作品增值利益中的贡献进行考察。

可以说，虽然演绎权的设立，是法律对著作权人原有权能的一种扩张，而对于演绎作品著作权归属及行使的规定，却是著作权法对于权利扩张的限制及修正。从利益分配的角度出发，演绎人一般需通过支付"对价"获得授权，方可进行合法演绎。演绎作品著作权归属于演绎人，并且在行使演绎作品著作权时，不可损害原作著作权人的利益。其中，为授权支付的"对价"可作为是否损害著作权人利益的衡量指标。如果演绎人获取授权时已通过"对价"填补了后续利用可能给原权利人带来的"损失"，则演绎作品的权利行使自然不会有害于原作品著作权。这至关重要的"对价"，就是演绎作品增值利益中分配给原著作权人的部分。这部分利益的分配依据，就是原作者与演绎人各自的"创造"要素。如果原作的"创造"要素对于演绎权增值利益的贡献较大，则在利益分配时应当将增值利益的多数分配于原作的权利人。反之，如果演绎人的创作贡献更大，则应当将利益主要分配给演绎作品的权利人。

二、资本要素

作为物化劳动的"资本"，是投资者在作品的产生、市场化过程中投入的要素。虽然在数字时代，传播技术使得作者可以同时成为作品的发布者、传播者，并非所有的作品都需要依靠投资才得以问世，但不可否认的是，依然存在大量的作品是需要资本投入的，如影视作品等。对作品进行传播性使用过程中，造成作品利用方式改变而产生的增值利益进行分配时，应当着重衡量"创造"与"资本"要素对作品增值利益的贡献。

随着视听作品营利渠道的增多，对视听作品进行后续的传播性使用，会产生大量的增值利益。而在视听作品中所包含的各类作品的相关权利人能否获得这部分增值利益，成为当下的热门话题。视听作品的二次获酬权，即是对通过传播性使用而产生的作品增值利益进行分配的一种方式。我国现行《著作权法》中尚未规定此种权利，因而该项权利的具体内容还有待考究。

一部电影在影院上映，其票房收入应当为电影制作初期参与者所期望的收益。即在作者、导演等人与制片方签署合同参与电影制作之时，原始经济利益就源于该影片在影院上映的票房收入。如果该影片票房成绩不俗，则可能在影院下线后，转而在电视台进行播放。此时，电视台的转播，必然会为制片人带来增值收益。法律将电影作品的著作权赋予了制片人，但此时制片人是否可获得全部的增值收益呢？

一般情况下，作品的著作权归属于作者。然而，由于电影作品包含着众多的创作人，对资本的需求又极大，因而出于保障交易便捷的目的，往往将经济利益的控制权归属于制片人。制片人基于"资本"要素的投入获得著作权后，自然可以授权他人以其他方式传播作品。然而出于效率考虑的权利妥协，并不能成为增值利益分配不公的借口。其他创作主体参与电影作品制作时，常常仅对影片的初次或常见的经济利益分配与制片方进行约定，而对后续使用（包含新产生的利用方式）产生的增值利益往往缺少关注。其他创作主体对后续使用作品产生的增值利益进行分配的原因即为"创造"要素的投入，创作主体的活劳动创造了作品的价值，❶ 无论作品后续以何种形式进行利用，凝结于其中的创造是始终存在的。如果在后续利用时还需大量资金的投入，

---

❶ 马克思恩格斯全集（第23卷）[M]．北京：人民出版社，1972：557.

例如需要购买设备和人工将 3D 影片转换为计算机可识别的语言等，则增值利益分配应当在原有资本、新增资本以及"创造"要素的贡献者间进行分配。如果后续使用中"资本"的贡献更为突出，则可主要由"资本"要素的投入主体获取相关增值利益。

三、管理要素

当然，通过投入"创造"和"资本"要素使作品进入市场后，由于现代化的市场运营中不能缺少宣传、管理等行为，因此"管理"这一要素在作品获利的市场化运营中也是十分重要的。尤其是在转售性使用作品过程中，即作品自身增值的利益分配过程中，应当对"创造""资本""管理"要素在增值中的贡献进行分析。

一般情况下，商品的销售需遵循"权利穷竭原则"，即首次销售后权利人对于商品的转售等行为无权干涉，更无权从中获取利益。然而，著作权人往往无法接受不能获得作品增值利益的事实。例如 20 世纪 90 年代，由于权利穷竭原则的存在，美国的二手 CD 产业十分发达，[1] 唱片公司和零售商希望通过征收再销售版税等手段来获取这部分增值利益，最终却因受到销售商和消费者的强烈反对而未能付诸实践。[2] 而同样针对转售作品增值利益分配的追续权，却获得了许多国家的立法支持。

与录音作品获利模式不同的是，美术作品往往依靠售卖原件来获取利益，相对于录音制品复制件的庞大数量，美术作品的原件具有唯一性。美术作品原件的增值往往源于作者与作品的联系，即"创造"要素为美术作品转售价格升高的主要原因。由

---

[1]　Where house entertainment［M］. Inc. v. CEMA, 1993：93－4253.

[2]　莫泽. 音乐版权［M］. 权彦敏，曹毅搏，译. 兰州：西安交通大学出版社，2013：88.

于美术作品原件的唯一性和作者创造性劳动的重要性，冲破了原有的权利穷竭规则，使作者得以在作品转售后对增值部分的利益向转售人要求分配。

然而，追续权的存在并非否认了"资本"与"管理"要素在美术作品转售升值中的重要性。以美术品的拍卖为例，除作者自身名气等因素外，拍卖过程中的中间商——拍卖人也扮演着十分重要的角色。从前期的接受委托、鉴定，到中期的制作拍卖图录、发布拍卖公告、筹划预展等宣传活动，再到最终拍卖师主持完成拍卖的整个过程均体现了拍卖人"管理"要素的投入。❶ 不仅如此，美术品收藏人的地位也会影响美术品的转售价格。一幅作品被地位显赫的人收藏过后再转售时，该作品也可能增值。并且，增值与"资本"要素也有关联。因为如果转售人没有利用资本购买美术品，转售也无从谈及。转售人和拍卖人以及其他艺术商等均可凭借其"资本"与"管理"的要素投入进行增值利益分配，而作者也可凭借"创造"与转售人和艺术商等分享增值利益。

四、使用要素

利益构成要素还应当包括市场的最终反馈，即作品终端"消费者"的"使用"，这一要素往往是最容易被忽略的。❷ 由于人类的知识是建立在前人知识积累之上的，❸ 新作品也只有在对前人"作品"进行使用的基础上，才有产生的可能。申言之，没

---

❶ 一般情况下，拍卖人会依照拍卖成交价的一定比例向委托人及买受人收取佣金。佣金即为拍卖人在拍卖中投入要素的回报。

❷ "消费者"并非特指市场上进行实际消费的人群，凡是对作品进行使用的人都可以被称为作品知识的消费者。"使用"是一个整体性的概念，是一整套吸收、消化、加工、再创作的过程，不仅包括读者选购图书进行阅读、观众购买电影票进行观影的行为，还包括科研人员对已有文献的分析、教学人员对已有知识的讲授，等等。

❸ BESEN S M. New technologies and intellectual property: an economic analysis [M]. Santa Monica: Rand, 1987: 44.

有使用，作品的利益链也是不完整的，只有通过市场反馈，"创造""资本""管理"的要素投入才能最终得以转化为利益回报。

由于著作权法中的利益并不能凭空产生，利益必然会由不同的主体通过对要素的投入分阶段地形成，所以，著作权法对利益的分配也并非能一次性完成。著作权法对利益的产生、界定和分配贯穿于权利的归属、利用和限制的不同阶段。例如，在权利的归属阶段，一般情况下，由于"创造"要素的投入，作品的著作权归属于作者，而影视作品、职务作品等的归属情况因"资本"要素的加入存在不同。因此，在此阶段，著作权法的首要目标应为考察不同种类的作品中"创造"与"资本"要素在作品利益中的贡献。

而到了权利的限制阶段，则需明确资本虽具有逐利性，然而完全遵循资本增值的需求，不考虑社会公众的利益，有可能造成作品利用效率低下的现象，损害社会公众获取知识的权利。❶例如对有些作品进行保护，会对"使用"要素造成巨大妨碍时，法律应该选择不对该类作品进行保护；而当某些障碍被消除后更利于"使用"要素的投入时，法律便有针对性地制定一些特殊条款来保障作品的流通。因此，在著作权的限制阶段，应当格外注意"使用"要素与其他要素间的关系。

作品的利益是由不同主体对各要素的投入而形成的，作品增值利益的形成也是如此。不同种类的作品对于要素的需求是不同的，每种要素在利益产生中的贡献也是不同的。❷增值利益的产生除源于作品原有的价值潜力，还源于新要素的贡献。在产生增值利益的三种情形中，第一种增值利益有新的"创造"要素加入，第二种增值利益可能有新"资本"的投入，第三种增值利

---

❶ DRAHOS P. A philosophy of intellectual property［M］. Hanover：Dartmouth Publishing，1996：154–163.

❷ 一般情况下，视听作品相较于文字作品而言，对资本要素的需求是更高的。

益常伴有新"管理"要素的投入。作品增值利益构成要素的分析，可为随后解决利益分配难题提供理论基础。

概言之，"创造"要素是作品利益产生的根源，也是增值利益分配中需衡量的最重要因素，除此之外，"资本""管理""使用"要素对作品增值的贡献亦功不可没。由于不同种类增值利益中参与的要素不尽相同，每个要素的贡献也各异，因此在对增值利益要素进行细分的基础之上，需衡量各要素在增值中的贡献，再依照要素的贡献对增值利益进行分配。

本章小结

分配正义是人类历史上经久不衰的话题，❶ 作品利益分配更是一个关乎我国文化产业发展和提升国家文化软实力的重要问题。然而，知识的稀缺性与文化的传承性，使人们面对作品增值利益分配难题时众说纷纭，莫衷一是。由于著作权法与作品利益有天然的联系，作为利益分配工具的著作权法，理应遵循分配正义这一立法宗旨，将作品产生的利益公平地分配至利益链中的每一个参与主体。

由于作品的利益并非一次性产生，著作权法对其分配也并非能一次性完成。著作权法的可分配利益包含了作品的初始利益与增值利益。其中，增值利益是在作品的利用过程中形成的。作品利用方式的差异产生了不同种类的增值利益，每种增值利益又可能含有不同类别的新要素投入。由于利益是各主体投入要素形成的，新要素的投入便使得增值主体参与增值利益分配成为可能。

在对作品增值利益进行分配时，不仅需要考虑增值主体的投入，更需要衡量增值主体与原利益主体间要素的投入比重。这就

---

❶ 弗莱施哈克尔. 分配正义简史 [M]. 吴万伟，译. 北京：译林出版社，2010：1.

需要在对作品增值利益进行分配时，明确每一参与主体所投入的要素，衡量各要素在作品利益形成中的贡献，并按照要素贡献对作品利益进行分配。"正义就是给予每个人他应得到的部分"，❶只有按要素贡献对增值利益进行分配，才可保障著作权法分配正义目标的实现。

---

❶　查士丁尼. 法学总论：法学阶梯［M］. 张企泰，译. 北京：商务印书馆，1993：5.

第二章　作品增值利益法律分配的价值与原则

　　前文依据产生方式的不同，对作品增值利益进行了分类，并将作品增值利益形成过程中的要素投入进行了抽象和凝练。在此基础之上，对不同种类的作品增值利益分配问题进行了简要的分析。其中，当对作品内容变化而产生的增值利益进行分配时，应当衡量不同主体的创造要素。面对不同传播方式获得增值的作品，对其增值利益进行分配时，应重点对主体的创造和资本要素贡献进行衡量。而当对内容及传播方式均未发生变化的作品增值利益进行分配时，则应更全面地对主体投入的创造、资本、管理以及使用要素进行衡量。著作权法从作品类别的规定到权利的赋予再到侵权的救济，无不体现出其对作品利益分配的制度功能。

　　作品增值利益的类型化分析，可以使我们清楚地了解到著作权法在面对作品增值利益分配时的态度与分配思路。实际上，作品增值利益的分配问题却并不限于此。首先，作品增值利益分配问题并非仅一个简单的法学问题，在其他学科中也颇为重要。例如，分配问题向来是经济学中的重要问题，在市场流通领域内，生产、分配、交换、消费是一个循环往复的过程，在此过程中分配占有重要的一席。其次，在法学领域内，作品增值利益的分配问题在民法与反不正当竞争法等部门法中也均有所涉及。更为重要的是，在法的价值选择中，对公平抑或是效率等其他价值的追求，也会影响到著作权法利益分配制度的选择与实施。因而，针对作品增值利益分配这一问题，无论是在经济学中对分配理论的选择还是法学中对法的价值选择，都应十分谨慎。最后，在著作权法领域内，对作品增值利益分配问题进行理论研究也并非易事。这时便需要建立作品增值利益的分配原则，以此为相关制度设计及运行提供更好的指引。

前文对作品的可分配利益以及增值利益的具体概念进行了分类和界定。在此基础之上，本章希望对作品增值利益分配进行整体性的探讨。通过对经济学中财富分配方式的梳理，论证按要素分配理论的公平性，以及如何将其适用于法学领域，并可据此解决作品的增值利益分配问题，进而对该问题所涉及的可能出现冲突的法律价值进行排序。在此基础之上，提出著作权法领域内作品增值利益的分配原则。

第一节　经济学要素分配理论的法学应用

作品的增值利益分配问题，从根本上来说是一个关于如何确保利益公平分配的问题。而公平分配问题不仅在法学领域内是一个重要的问题，在经济学领域内更是如此。尤其是近现代的西方经济学家们，对分配问题曾进行过深入的探讨和研究，这也体现出了分配问题在经济学领域内的重要性。不仅如此，作品增值利益的分配，也离不开对作品价值的衡量。而在经济学理论中，如何对商品价值进行衡量，是一个有争议的话题：先后出现过以劳动衡量一切商品交换价值的"劳动价值论"，商品的价值取决于它的边际效用的"边际效用论"，以及商品的价格是由市场决定并受供求关系所影响的"一般均衡论"。由此可见，在经济学中的分配理论及其相关问题不仅重要而且十分复杂。

一、经济学中的分配问题

著名的古典政治经济学家亚当·斯密，在其《国民财富的性质和原因的研究》（以下简称《国富论》）中，对国民财富的性质和增加原因等问题进行了研究。斯密的分配理论，深受威廉·配第的劳动价值论影响。不仅如此，他还专门论述了"看不见的手"是如何按照一定的秩序，将财富在各阶级之间进行分配的。❶ 他对财富分配问题的关注，实际上是源于其对财富增长问题的研究兴趣。对于此，李嘉图认为：经济学的研究主题不应当为国民财富增长的一般性问题，国民财富在不同阶级中的分配问题才是应当予以重点关注的。❷ 他强调是劳动者的劳动在生产中创造出了财富，因而研究财富的分配问题时应以劳动价值论为基础。乔治·拉姆塞在其著作《论财富的分配》一书中也对斯密进行了评判，认为其过于教条化，指出分配应当分为初次分配和二次分配，并对资本主义的分配制度进行了抨击。❸

让·巴蒂斯特·萨伊指出，财富增长决定了国家的繁荣。❹ 同时，他强调不可只对财富的生产进行研究，财富的分配和消费也是极为重要的。萨伊也重视财富分配，但与斯密和李嘉图等人有所不同。他认为商品的价值是指其效用，而商品的效用是由劳动、资本和土地这三种要素协同创造的。因而他提出了著名的"生产三要素"分配理论，即劳动、资本和土地，既然都创造了商品的效用，那么作为商品价值的源泉，各要素的所有者就应当分别依据这些要素投入获得相应的收入。❺ 同时，他认为该理论在无形产品的财富分配中同样适用。❻ 当然，他的要素理论为资本主义的生产方式进行了辩护，受到了马克思的批判。但是，他

❶ 斯密. 国民财富的性质和原因的研究：上卷 [M]. 北京：商务印书馆，1974：240.

❷ 李嘉图. 政治经济学及赋税原理 [M]. 郭大力，王亚楠，译. 北京：商务印书馆，1962：3.

❸ 拉姆塞. 论财富的分配 [M]. 李任初，译，张友仁，校. 北京：商务印书馆，2009：97.

❹ 萨伊. 政治经济学概论 [M]. 陈福生，陈振骅，译. 北京：商务印书馆，1997：54.

❺ 萨伊. 政治经济学概论 [M]. 陈福生，陈振骅，译. 北京：商务印书馆，1997：356.

❻ 萨伊. 政治经济学概论 [M]. 陈福生，陈振骅，译. 北京：商务印书馆，1997：361.

提出的要素创造商品价值（效用），因而主体应当按照要素投入获得相应收入的观点，在经济学领域内实属首创。❶ 这种按照生产要素进行分配的理论，是一种独特的、具有开创性的分配理论。

美国边际学派的代表人物约翰·贝茨·克拉克在《财富的分配》一书中，建立了一个以分配为中心的经济理论体系。❷ 他认为在自然规律的支配下，社会收入的分配应使得每一个生产要素获得与其创造相等的财富。❸ 他还指出，对分配问题进行研究时，应当追寻生产的综合过程。在该过程中，生产活动将不同的要素相结合，继而创造出了商品的有用性和社会的收入。在分配时，自然应当依照每个主体各自的贡献进行分配。❹ 克拉克的研究系统地说明了如何在不同部门、行业以及各市场主体间进行收入的要素分配，对按要素分配理论的完善作出了巨大的贡献。

阿弗里德·马歇尔认为生产要素有四种，即劳动、土地、资本和组织，并运用均衡价格理论，阐述了各种生产要素的价格形成问题（生产要素的价格取决于供给和需求），这同时也解答了要素所得和分配问题。❺ 现代经济学家保罗·A. 萨缪尔森，十分

---

❶ 詹姆斯·穆勒对萨伊的理论进行了批判性的继承，进而提出政治经济学需要研究的四个问题，即生产、分配、交换和消费。其子约翰·穆勒却认为政治经济学应当主要研究财富的生产和分配。不仅如此，他还认为财富分配的规律与生产规律不同，可以随着社会和法律习惯而改变。他也认同生产应当包含三个要素，即劳动、资本和自然要素（例如土地等）。参见周勤淑，赵学清. 要素报酬与社会公正：社会主义初级阶段分配问题研究［M］. 北京：中共中央党校出版社，1998：4.

❷ 周勤淑，赵学清. 要素报酬与社会公正：社会主义初级阶段分配问题研究［M］. 北京：中共中央党校出版社，1998：5.

❸ 克拉克. 财富的分配［M］. 陈福生，陈振骅，译. 北京：商务印书馆，2009：3.

❹ 克拉克. 财富的分配［M］. 陈福生，陈振骅，译. 北京：商务印书馆，2009：1.

❺ 周勤淑，赵学清. 要素报酬与社会公正：社会主义初级阶段分配问题研究［M］. 北京：中共中央党校出版社，1998：7.

认同前人对分配问题进行理论研究的必要性，在马歇尔的理论基础之上，其更加精细地分析了各种生产要素的定价问题。❶

由于市场经济的过程始于生产，生产决定着分配，财富的产生便成为经济学家们最初较为关注的问题，因而在经济学领域内，分配问题起初并不为人所知。通过经济学家们的广泛研究，人们逐渐了解到，虽然生产决定分配，但分配方式对生产方式也有反作用。❷ 随着时间的推移，分配的重要性受到了经济学界的高度重视，最终形成了较为系统的分配理论。其中，受朴素的价值判断影响，最初人们认为应当按照劳动量来衡量商品的价值。随着不同种类要素的相继投入，劳动量并非衡量所有商品价值的唯一方法。由此，商品的效用逐渐取代劳动量成为商品价值的衡量标准，商品价值衡量标准的转变也带动了经济学中要素分配理论的形成、发展和完善。

二、按要素分配的理论选择

分配理论不仅在西方经济学中被广泛研究，而且在社会主义市场经济中也受到了极大关注。依照马克思的观点，生产关系决定着分配关系。虽然这一观点是马克思整个分配理论的核心观点，但是他也指出分配关系在本质上和生产关系是一同的，是生产关系的反面。❸ 同时，生产要素是生产物品所必须具备的条件和前提，❹ 在要素市场之中形成的要素价格，不仅决定了要素所有者的收入，更是与产品价格一起决定了产品生产者的收入。❺

---

❶ 萨缪尔森，诺德豪斯. 经济学：上册［M］. 萧琛，等译. 北京：商务印书馆，2012：397.

❷ 马克思恩格斯全集（第 2 卷）［M］. 北京：人民出版社，1972：102.

❸ 马克思恩格斯全集（第 25 卷）［M］. 北京：人民出版社，1972：993.

❹ 马克思. 直接生产过程的结果［M］. 北京：人民出版社，1964：41.

❺ 周勤淑，赵学清. 要素报酬与社会公正：社会主义初级阶段分配问题研究［M］. 北京：中共中央党校出版社，1998：82.

社会对生产要素的需求是无限的，然而生产要素却是有限的。除了有限性之外，生产要素的特性还包括可垄断性、可替代性以及差异性。因而，各要素的相对价格变动，也会影响产品的成本与收入。

既然分配是经济学领域中极为重要的研究内容，那么采取何种方式进行分配，自然就是经济学家们激烈探讨的议点。众所周知，马克思主义的分配观是按劳分配。之所以按劳分配，不仅是由于马克思认识到劳动是商品价值产生的源泉，更是因为按劳分配是一种较为客观和公平的分配方式。正如洛克所言：既然劳动是劳动者的无可争议的所有物，那么对于这一有所增益的东西，除他以外就没有人能够享有权利。❶ 一直以来，我国都坚持马克思主义的分配原则。马克思主义的按劳分配原则，是建立在每个社会成员都平等地拥有客观生产要素（如土地等）这一基础之上的。然而，在社会主义初级阶段，社会成员虽然都是土地等客观要素的所有者，但是对客观要素的占有量还存有差别。当然，这种差别不同于资本主义要素占有的对抗性，因为绝大部分的资本主义社会成员并不享有客观要素的所有权。在资本主义社会，主观生产要素即劳动，通过与客观生产要素的结合，就转化为了资本的存在，变成自行增值的价值。❷ 而在社会主义社会，由于社会成员实际上是客观要素的所有者，相对于资本主义要素参与生产的方式——资本与雇佣劳动，社会主义市场经济中则为"准资本"与"准雇佣劳动"，主观要素（劳动）的收入由要素投入者即劳动者当然享有，而客观要素（土地等）的报酬最终也归社会成员所有。因而，在社会主义市场经济中，按照要素投入进行财富分配，并未违反马克思主义的分配观，仍然是一种公平的

---

❶　洛克. 政府论（下篇）［M］. 叶启芳，瞿菊农，译. 北京：商务印书馆，1964：19.

❷　马克思恩格斯全集（第23卷）［M］. 北京：人民出版社，1972：211.

分配方式。

在处于社会主义初级阶段的我国，由于客观要素属于不同的所有者（客观要素由全体社会成员和部分社会成员集体所有），对生产要素进行配置时就需要得到要素所有者的确认。如果对客观要素的无偿使用，不仅不公平，还使得该要素不能得到有效的资源配置，可能引发要素被滥用或者被浪费的现象。当然，如果主观生产要素——劳动，不按照其投入进行分配，也会造成劳动要素的浪费。因此，在十五届全国人民代表大会的报告中，就已经明确指出应当"坚持按劳分配为主体，多种分配方式并存的制度。把按劳分配和按生产要素分配结合起来……"。在现阶段，我国仍然应当坚持以按劳分配原则为主体的分配方式。同时，由于按照要素贡献对利益进行分配，是符合市场资源配置要求的，也是一种有效率的分配方式，因而应当将按要素分配与按劳分配相结合。在按要素分配过程中，参加生产的主体不仅包括主观要素的所有者（劳动者），还包括客观要素的所有者以及对主客观要素结合进行生产活动的经营者，等等，因此应当按照各主体所投入的要素贡献进行分配。与按劳分配相同的是，按要素分配也是基于主体的投入来计算其所得，因而也是一种公平的分配方式。

与作品增值利益分配相关的分配理论，一直以来都是经济学研究的重点问题。其中，分配理论的产生和发展，更是促进了经济学家对要素分配理论的探讨。在经济学领域中，分配理论自然离不开分配方式与商品价值衡量等问题。不仅产品的价值衡量存在多种学说，分配方式亦是如此。在经济学领域内可供选择的分配方式之中，由于按要素分配是一种公平且符合市场规律和现阶段社会发展的分配方式，因而应当依照要素的贡献对商品价值进行分配。

三、要素贡献理论的法学应用

作品的增值利益分配问题不仅涉及除了法学之外的其他学科,❶ 而且在法学内部,也涉及不同领域的问题。

(一)作品增值利益分配中的著作权法问题

作品产生于作者的创作,我国《著作权法》的设立目的是保护文学、艺术和科学作品作者的著作权,并鼓励作品的创作与传播。❷ 因而,由作品产生的利益及其分配,自然也属于著作权法应当予以调整的内容。本书就是在著作权法框架下,对作品后续使用过程中产生的增值利益分配问题进行研究。

作品的增值利益分配并非一项简单的制度安排,著作权法需要将其视为一个系统的工程,方可确保增值利益分配的顺利进行。可以说作品增值利益分配问题,贯穿于著作权法的始终。例如,著作权法需要通过目标以及原则的设立,来为作品增值利益的分配指引方向;通过作品类别的确认,对某类作品的增值利益进行分配;通过制定权利归属的规则安排作品利益的初次分配,并通过权利的赋予使作者享有直接参与作品增值利益分配的机会。不仅如此,著作权法还需要通过监管和其他配套制度的建立,来确保作品增值利益能按照法律要求进行分配。

(二)作品增值利益分配中的民法问题

作品的增值利益,直接产生于作品的市场流通阶段。在市场交易环节,私主体之间关于作品买卖行为属于民事行为。不仅如此,由作品产生的利益是一种财产,属于民法的调整范畴。因而,虽然作品增值利益分配问题属于著作权法所"管辖"的范围,但是作品的增值利益分配也当然地涉及民法问题。相对于著

---

❶ 这里的其他学科泛指法学之外的其他学科,包括但不限于经济学、管理学等。

❷ 《著作权法》第 1 条规定:"为保护文学、艺术和科学作品作者的著作权,以及与著作权有关的权益,鼓励有益于社会主义精神文明、物质文明建设的作品的创作和传播,促进社会主义文化和科学事业的发展与繁荣,根据宪法制定本法。"

作权法而言，民法是调整平等主体之间权利义务关系的一般法，因而民法中的原则（例如契约自由原则等）和理论（如添附理论）等内容，在作品增值利益分配中也应当是适用的。

以添附理论为例。所谓添附，是指不同人所有之物相结合形成一个新物的行为，其中新物具备新的性质或其物态不可依照原物进行分割。作为一种重要的财产权取得方法，学者们对添附制度的理论探讨从未停止过。❶ 当他人于正在受著作权法保护的作品之上进行再创作而产生演绎作品时，相对于原作品而言，演绎作品即为在原作品上添附了新创造后的添附之作品。此时，由演绎作品所产生的利益，也就是作品的增值利益。对演绎作品产生的利益进行分配时，可以借鉴民法当中的添附理论进行分析。

在一般情况下，添附理论探讨的是不动产或有体财产的添附行为以及添附后的财产分配问题。但是，这并不妨碍我们利用这一民法基本理论，来对作品的增值利益分配问题进行研究。特别是提出添附理论的法学家盖尤斯，还曾专门以画添板为例对该理论问题进行了深刻的探讨。❷ 通说认为，添附的结果是产生新物。因为该物不可分割，所以添附后产生的物可以分配给原物所有者，并给添附人以补偿；若添附人占有该物，则应将原物作价补偿给原物所有人。可见，添附之物应当在原物所有人和添附人之间进行分配。同理，在对演绎作品产生的利益进行分配时，也应当在原作品创作者与演绎作品创造者之间进行。

虽然直接调整作品增值利益分配的法律是著作权法，相较于此民法为一般法，然而，民法的基本原则和基础理论仍可以用来

---

❶ 尹田. 法国物权法上的添附权［J］. 法商研究，1997（3）；王利明. 添附制度若干问题探讨［J］. 法学评论，2006（1）；徐国栋. 画落谁家？——处理用他人材料绘画问题的罗马人经验及其现代影响［J］. 法律科学（西北政法大学学报），2011（7）.

❷ 雷森. 罗马法中绘画创作引起的添附问题：对已画之板问题学派争鸣的地方论解释［J］. 厦门大学学报（哲学社会科学版），2014（1）.

解释著作权法中的具体制度，也可以对作品增值利益的分配起到一定的指引作用。

（三）作品增值利益分配中的竞争法问题❶

作品完成之后，若要产生增值利益，自然离不开作品的传播和利用。例如，一部电影作品，在制片方进行资本投入后，当然希望通过不同的渠道放映来增加其投资收益。如果制片方将一部电影作品的信息网络传播权授权给两家视频播放平台进行播放，若其中一个平台对外宣传其是独家播放平台，借此吸引更多的观众选择该平台进行观看，则该平台会因实施了虚假宣传这种不正当的竞争行为，而受到反不正当竞争法的规制。这一例子即反映了作品在传播过程中获得增值时，如有不正当竞争行为的存在，则应受到反不正当竞争法规制的情形。

不仅如此，作品是著作权法保护的客体，而著作权作为一种垄断性的权利，与反垄断法也有天然的联系。由于知识的公共性，任何人都不能对其进行垄断。作品的传播利于知识的传播，为了防止对知识的垄断，法律会设置一些著作权的限制行为来避免权利人对作品的垄断，例如合理使用和法定许可制度等。

分配问题在经济学领域内的探讨虽有暂时性结论，即按要素贡献对商品价值进行分配，但是依照该结论，在法学范畴内，尤其是在著作权法中依照要素分配利益是否可行？如果可行，作为调节利益之器的法学，在面对作品增值利益分配的问题时，又当如何适用按要素分配理论呢？

作品的增值利益分配问题，与一般商品产生的利益分配问题有共通之处，但也有所区别。相同之处在于：二者都是通过劳动和其他要素投入而生产出的商品，包含劳动在内的要素对于商品的产生均作出了贡献。而最大的区别之处则在于：作品的产生并

---

❶　当然，除了民法、竞争法领域之外，作品增值利益的分配还与法学领域内的其他内容相关。但总体而言，应当主要依靠著作权法来解决作品增值利益的分配问题。

非基于主体的体力劳动，而是作者的创造性劳动即脑力劳动。如果利用按劳分配的方式对作品的增值利益进行分配，则不免需要依靠社会必要劳动时间来对作者的创造性劳动进行衡量。但是，正如前文所述，劳动本身就是一把刻度不清的尺子，又如何去衡量这无形的创造性脑力劳动呢？可见，对劳动量进行衡量的问题，成为对作品增值利益进行按劳分配的一大障碍。而如果按要素贡献对作品增值利益进行分配，则可以通过对作品增值利益产生过程的研究，细分各主体的要素投入，并按照各要素投入的贡献对作品的增值利益进行分配。这样一来，不仅满足了市场规律，使得作品增值利益产生的要素所有者获得了相应的收益，更免去了由于一般社会必要劳动时间的模糊性所带来的劳动力衡量这一不必要的麻烦。由此观之，当在法学范围内研究作品的增值利益分配时，依然可以适用经济学中的按要素分配理论。

概言之，虽然作品增值利益在法学领域内可能涉及许多问题，但是利用著作权法按照主体的要素贡献对作品的增值利益进行分配，无疑是最为直接也最为公平合理的。那么著作权法需要如何利用要素分配理论来对作品的增值利益进行分配呢？这首先取决于著作权法的价值选择。

第二节　作品增值利益分配的法律价值

作品的增值利益并不是凭空产生的。在整个作品利益链中，从作品生产阶段起就有作者创造要素的投入，有时也会伴有资本要素的投入，作品的交易过程中更是会有管理要素的投入。这些在作品增值利益分配中不断投入要素的主体，如果不能按照其要素投入的贡献来获取利益，则是极不公平的。作品增值利益的产生，源于主体的要素贡献。按照要素贡献对作品增值利益进行分配，是一种公平的分配。经济学中提出的各种分配观念，均是本着分配公平的标准进行的，法学领域内亦是如此。那么何为分配公平？何为分配正义？与其相关的概念如分配平等又有何种关联呢？以下分别进行讨论。

一、作品增值利益分配的公平与正义

（一）分配公平与分配正义

在亚里士多德看来，分配的公平应当按照个人的功德进行，如果功德相当，则应当平均分配；如果功德有所差异，那么分配应与功德大小相对应，他强调公平意味着与某种标准相称的分配比例。❶ 当然，不同的学者对分配公平的理解可能有所不同，所下定义可能也存有差异，但总体来说，分配公平与个人的应得相关，对利益的产生作出同样贡献的人的应得也自然相同，而对利益的产生作出不同贡献的人的应得就有所不同。如果分配方式能使得个人的分配所得与其应得相适应，那么这种分配便是一种公平的分配。前文中对于分配方式选择时提出，按要素分配均是分配公平的体现，因为按要素分配正是通过主体投入的贡献对作品的增值利益进行分配。每个要素投入主体按照其贡献获得与其贡献（应得）相当的利益，这就是分配公平的体现。

关于分配公平与分配正义，首先需要探讨公平与正义的关系。实际上，人们常常将公平与正义作为同义语使用，例如，人们认为法律代表了公平与正义。当然，不同的人对正义也有不同的理解。例如，苏格拉底认为正义是一种美德；柏拉图认为正义是一种道德原则，体现为人们各司其职各得其所；亚里士多德认为正义就是守法和平等；西塞罗则认为正义是"使每个人获得其应得东西的人类精神取向"；乌尔比安认为正义是个人获得自己应得之物的意志；霍布斯认为正义就是守约；康德认为正义就是

---

❶ 斯坦，香德. 西方社会的法律价值 [M]. 王献平，译，郑成思，校. 北京：中国法制出版社，2004：88.

善良意志；等等。❶

　　关于正义的研究，最具代表性的当属约翰·罗尔斯的《作为公平的正义》。在该书中罗尔斯提出了一种正义观，即"作为公平的正义"。❷罗尔斯的正义观是一种政治自由主义的观点，❸他提出"作为公平的正义"并不是说公平与正义是完全相同的，事实上恰好相反。他认为：如果社会秩序良好，基本自由的平等与公平的机会平等这两者均得到了保障，那么每人都遵守公共承认的合作规则，并履行这些规则所规定的各项条款时，产生的分配就是正义的。❹可见，在罗尔斯看来，社会成员公平地获得机会与自由，分配必然是正义的。分配正义是一种结果，而保障这种结果产生的正是分配过程的公平。

　　如果对分配公平与分配正义的关系进行简单的概括，实际上分配公平属于分配过程中对于标准和程序的制定，是一种公平的程序保障，而分配正义则是一种对分配结果的追求和个人心中对分配结果的认可。换言之，如果对于分配公平的追求可以实现，那么分配正义则指日可待；如果对于分配正义的追求可以实现，则说明该分配过程是公平的。在此意义上来说，分配公平与分配正义是相互联系、密不可分的，是具有一致性的。❺

　　（二）分配公平与分配均等

　　社会产品的分配是社会生产过程当中的重要环节，分配的合理与否，直接关系到人们的经济利益，也关系到社会生产的效

---

❶　何建华.分配正义论［M］.北京：人民出版社，2007：31-32.

❷　罗尔斯.作为公平的正义［M］.姚大志，译.北京：中国社会科学出版社，2011：1.

❸　罗尔斯.作为公平的正义［M］.姚大志，译.北京：中国社会科学出版社，2011：53.

❹　罗尔斯.作为公平的正义［M］.姚大志，译.北京：中国社会科学出版社，2011：65.

❺　有鉴于此，本书不再对公平与正义进行区分，除特别指出外，书中出现的公平即为正义。

率。在谈到公平与效率的关系问题时，人们往往认为二者是矛盾的，这种认识产生的根源就在于混淆了分配公平与分配均等的概念。

实际上，分配公平不是简单的分配均等化。分配公平是一种对分配关系的价值评价；而分配均等则是一种具体分配方式，代表着分配中数量关系的无差别性，与分配是否公平的评价无关。原始社会曾将均等作为分配方式，这是由于当时的社会生产力决定的，并不能说明这一分配方式就是公平或正义的。一视同仁的原则还会存在一些例外，更何况在复杂的利益分配问题中。正如前文所述，按要素分配是一种公平的分配方式，并且是利于资源分配的。但是，分配均等却很容易造成效率低下。因为如果不同贡献主体的所得是相同的，则不利于激励主体贡献各自的生产要素，这无疑会对社会生产效率造成一定的影响。

在分配作品增值利益时，应当按照各主体的要素贡献进行分配，不能简单地将作品的增值利益均等地分配至每一个要素主体手中，分配均等在此时并非分配公平的反映。如果均等地将作品的增值利益分配至每一个要素投入的主体手中，势必会对要素投入贡献较大的主体带来不良的影响，甚至会降低该主体后续要素投入的积极性。

概言之，分配公平与分配均等的关系为：只有在各主体要素贡献相同的情况下，分配均等才是一种公平的分配方式。而在其他情况下，分配均等不能等同于分配公平，二者对于生产效率等的影响自然也是不同的。

通过这一部分的论述，我们了解到分配公平虽然与分配正义以及分配均等这些概念有所联系，但都有所不同。分配公平是一种基于应得的满足而设置的分配标准；分配正义是指分配结果满足了人们的应得，是一种结果上的价值评判；而分配均等则仅指分配数量上的等量分配。分配公平与分配正义在很多情况下是可以互相代替使用的，是同一分配过程与结果的关系，具有一致性。而分配均等则仅有在特定情况下才符合分配公平与正义，因而分配均等不可与分配公平以及分配正义相互替代使用。同时，由于作品增值利益分配应当采用要素分配理论，按照各主体的要素贡献进行分配，因而是一种公平的分配方式，满足分配正义的要求。

二、作品增值利益分配的正义与秩序

依照主体的要素贡献对作品增值利益进行分配，符合利益分配公平与正义的要求。利用著作权法进行作品增值利益的分配，就是希望通过著作权法的制度设计来满足法律对分配正义的追求。然而，在法的价值中，除了公平、正义之外还包括秩序、效率等。那么，在著作权法分配由作品产生的增值利益时，应当如何处理公平正义与其他法律价值的关系？即当对公平正义的法律价值追求与其他价值产生冲突之时，应当以何种价值作为优先考虑的价值？不同的法律价值追求，对于作品增值利益分配的具体制度设计影响不同，因而是需要予以特别关注的。

（一）法的价值

与"分配"这一概念相似，"价值"也是一个多维的概念。在经济学中，价值一般被用来形容凝结在产品中的无差别的人类劳动。在哲学中价值具有形而上学的意义，常被用作指代与事实相对应的概念，"价值这一哲学概念的内容，主要是表达人类生活中一种普遍的关系，就是客体的存在、属性和变化对于主体人的意义。"❶ 而在法律领域内，不同的学者和学派都对法的价值进行过论述。

自然法学派以研习法的价值为重点，在他们看来，法的价值既是实在法得以产生的客观基础，又是其应当具有的意义和发挥

---

❶ 李德顺．价值论：一种主体性的研究（第三版）［M］．北京：中国人民大学出版社，2013：6.

的作用。虽然自然法学家认为法的价值包含内容众多，但归纳起来即为正义。❶ 这与柏拉图、托马斯·阿奎那和黑格尔的法律价值理念一致，都是将法的价值理解为法律应当起到的作用或存在的意义。❷ 当然，正如社会法学派的代表人物庞德所言，不同时代的不同人对价值会有不同的理解，❸ 并且指出：需要通过经验来论述法的价值问题，将法的价值理解为一个社会制定和评价法律所依的标准，该标准需要通过经验来发现，并通过理性进行发展和调整。❹

综合法学的主要代表人博登海默（Edgar Bodenheimer）认为，法的价值就是法律中的理想因素，是法律所追求的目标，该目标是多方面的。平等、自由、安全等都是法的价值，所有的法律价值都不能过于绝对化，也不能只强调一个方面。❺ 政策法学派则认为法律是权力价值的一种形式，❻ 价值则是欲求之事。该观点与综合法学派的观点相近，均认为法的价值是法律追求的目标。存在主义法学也认为价值是理想的实体，即法的价值是法律追求的目的，并指出法律追求的目的是多样化的，因而价值也是多样的，包含基本与非基本的价值。其中安全与秩序是最基本和最初的价值，而保护自由和实现正义则是最后和最高的价值追求。❼

从上述不同学派对法的价值论述中可以发现，相对于实在法

❶　严存生. 法的价值问题研究［M］. 北京：法律出版社，2011：19.
❷　严存生. 法的价值问题研究［M］. 北京：法律出版社，2011：17.
❸　庞德. 通过法律的社会控制［M］. 沈宗灵，译，楼邦彦，校. 北京：商务印书馆，2009：66.
❹　庞德. 通过法律的社会控制［M］. 沈宗灵，译，楼邦彦，校. 北京：商务印书馆，2009：80.
❺　博登海默. 法理学：法哲学及其方法［M］. 邓正来，等，译. 北京：华夏出版社，1987：198.
❻　严存生. 法的价值问题研究［M］. 北京：法律出版社，2011：23.
❼　严存生. 法的价值问题研究［M］. 北京：法律出版社，2011：24.

而言，法的价值是一种应然的状态。法的价值是指法律所追求的目标、所具有的作用和存在的意义。其中，法律所追求的价值就是法律所追求的目标，法的作用就是法律价值的实现方式。❶

（二）价值冲突中的分配正义与秩序

庞德对法的价值进行研究时指出，法律作为一种行为准则，应当对相互冲突的利益进行评价。而评价的关键，是具有一个可以被人们所接受的评价准则。该准则的制定依据，就是法的价值问题。在对作品的增值利益进行分配之时，不同主体间的利益冲突时有发生，按照怎样的方式制定依据并分配利益可以得到人们的普遍接受，就取决于法的价值选择。法律所追求的价值主要包括秩序、正义与效率等。

秩序是一个系统内事物运行的一种具有可控性、稳定性和可预测性的状态。❷ 法学范围内探讨的秩序多指社会秩序而非自然秩序。社会秩序是一种社会范围内人类活动的有序状态，可以表现为人们行动时有章可循、有法可依。社会秩序的建立和维护有时需要依靠军队和宗教等力量，但正如亚里士多德所言，法律意味着秩序，法律也是建立社会秩序所不可或缺的重要方面。一般认为，法律秩序即法治就是一种理想的社会秩序。❸

作为一种公共行为准则，法律能调整人与人之间的关系，协调相关的利益冲突。法律规则的制定，为人们建立起一套公认的行为准则；法律对权利的认定，使人们明确相互间的权利义务关系；司法程序的建立，使社会成员可以更加有效地解决矛盾和纠纷。法律的制定与完善，无疑为社会秩序带来了保障。法律对人类秩序的形成发挥了重要作用。❹ 如果社会缺乏秩序，则会陷入

---

❶ 法律自身的价值与所追求的价值都是法的价值所涉及的问题。严存生. 法的价值问题研究 [M]. 北京：法律出版社，2011：27.

❷ 葛洪义. 法理学（第四版）[M]. 北京：中国人民大学出版社，2015：56.

❸ 严存生. 法的价值问题研究 [M]. 北京：法律出版社，2011：139.

❹ 葛洪义. 法理学（第四版）[M]. 北京：中国人民大学出版社，2015：56.

不安和纷争之中，还有可能引发战争。此时统治者无力进行管理，自然也无法建立有效的管理模式。正是因为如此，法律才会以秩序作为其价值追求，可以说，秩序是法律所追求的首要价值目标，法律以追求并保持一定社会的有序状态为己任。

虽然秩序对于一个社会的稳定和发展十分重要，维持社会和平是实现其他法律价值的先决条件，❶ 然而，秩序并非始终是法的最重要的价值目标，更不是最高的价值追求。不能将秩序当作法的唯一目标，否则会出现独裁秩序。❷ 法对秩序的追求应当同对其他价值追求相协调，不能为了追求秩序而牺牲法的其他价值追求。秩序虽然是必要的，但如果因对秩序的追求而牺牲人们的自由与平等，则该秩序就是不正义的，不能被人们所接受。由此可见秩序只是法的基本价值，正义才是法的终极价值。

三、作品增值利益分配的正义与效率

正如前文所述，不同时期的不同人对正义的解释有所不同。不仅如此，人们对正义的界定与分类也各异。例如，柏拉图就将正义分为道德正义与法律正义。亚里士多德则认为正义可分为分配正义和改正正义。实际上，无论对正义进行何种分类，法律都不可能离开正义而存在。正义是法律的基本标准和评价体系，如果法律制定后不符合正义，则会被评价为恶法。❸

正义不仅可以评价法律，还可以帮助社会成员接受法律。例如，正义的观念可以使社会成员在心中萌发自由、平等的观念，利于个人对国家制定法律的接受。正义还通过社会成员的观念和评价习惯的养成，促进着法律的自我完善。不仅如此，正义还提高了法的实用性，符合正义观的法律必然在调节社会关系时更加

❶ 斯坦，香德．西方社会的法律价值［M］．王献平，译，郑成思，校．北京：中国法制出版社，2004：47．
❷ 严存生．法的价值问题研究［M］．北京：法律出版社，2011：141．
❸ 葛洪义．法理学（第四版）［M］．北京：中国人民大学出版社，2015：59．

注重程序正义和实体正义，这会利于社会成员选择法律而非暴力来解决争议。因而在制定法律时，不仅需要思考如何维护秩序，更要注重社会正义的实现。❶ 法的价值在追求正义之时，也会促进社会的良好运行，利于社会秩序的稳定。

可见，从法对正义的追求与秩序追求关系的角度上看，法对正义的追求在一般情况下不会对秩序造成不良影响。不仅如此，法的正义追求还会促进秩序价值的追求。该结论，在分配领域亦可适用。法律对分配正义的追求，会使相关利益主体明晰各自的利益边界。在对相互冲突的利益进行分配之时，秉承正义的分配观，更利于主体间利益冲突的和平解决。这样一来，分配正义的追求也对秩序起到了良性的影响。

分配正义，是法的正义价值所追求的内容之一。如果法律依照分配正义的理念制定出了一套分配规则，一方面，可以减少利益分配的矛盾与冲突；另一方面，在利益分配冲突产生后，各相关利益主体可以遵循该分配规则，有效地对相互冲突的利益进行分配，这样一来则有利于利益分配矛盾和谐有效地解决。

市场经济要求市场在资源的配置中起基础性的决定作用，之所以如此，是因为市场配置资源效率更高。效率不仅是经济制度中的首要目标，更是法所追求的价值之一。当然，与秩序和正义的价值追求相比，效率价值既不属于法的原初价值追求也不是法的最高价值追求，但是效率依然是社会生活中尤其是社会经济活动中不可缺少的目标。分配正义是法的正义价值追求目标之一，与法的秩序价值不存在根本性的冲突，那么与法的效率追求是否有所矛盾呢？

分配公平通过建立使个人得到其应得利益的分配标准，最终达成分配正义。在这一过程中，由于社会成员普遍遵循既定的分

---

❶ 周永坤. 法理学：全球视野（第三版）[M]. 北京：法律出版社，2010：196.

配标准，且不同主体可以依照其各自贡献获得相应的利益，那么分配过程就会相对快捷有效，利于效率的提升。例如，按要素分配作为一种公平的分配方式，可以令每个要素主体按照其要素投入的贡献获得收益，这样一来便有利于激励要素主体投入更多的生产要素，进行更有效率的生产。前文曾经对分配公平与分配均等进行过辨析，由于分配均等可能会影响资源配置的效率，因而分配均等并非一种有效的分配方式。而按要素分配是一种有效的分配方式，在一般情况下是符合市场经济和法律对效率的追求的，那么分配正义与效率是否就不存在冲突呢？

效率的追求在经济中体现为经济效率的提升，在法律中则体现为司法和执法程序的有效运行。首先，在经济生活中，不可一味地强调经济效率，例如，为了提升效率而污染环境，或者为了生产效率的提升而胡乱开采不可再生的资源等。这些都是不正义行为，虽然会利于经济效率的暂时提升，但不利于社会正义，因而是不被社会所接受的行为。其次，在法律运行过程中，也不可仅仅为了追求效率而忽视正义。法律是正义的象征，如果出于对诉讼效率或者执法效率的考量而全然不顾正义，那么必定会遭到非议。因为法的正义与否才是人们对法律进行评价的标准，而绝非效率。例如美国的辩诉交易制度，尽管是一种提升司法效率节约司法成本的制度，但在具体的定罪量刑方面，依然要依据犯罪嫌疑人的主客观情况进行综合的考量。其追求的是一种现实主义的司法公正，而非理想主义的司法公正观。❶因而总体而言，当法的正义价值与效率价值发生冲突之时，应当追求法的正义价值而非效率。

法的价值包含正义、秩序、效率等。这些法律所追求的目标时而一致，时而发生冲突。当这些法的价值发生冲突之时，正义

---

❶　项振华. 美国司法价值观的新发展：评"辩诉交易"[J]. 中外法学，1996 (2).

应当是法的价值中位阶最高的一项。居于顶端的正义价值，是法律必须遵从的目标。法对正义的追求体现在许多方面，分配正义即为其中之一。按主体的要素贡献对作品的增值利益进行公平分配，符合法对分配正义的追求。

第三节　作品增值利益法律分配的原则

一、以要素贡献为分配的基本原则

原则通常是指人们行为处事的基本准则，而法律原则是指法律规则和制度所遵循的一般性和本源性的原理和准则。❶ 法律原则可以分为法的基本原则与具体原则：基本原则是法的基本精神体现，是在该法律体系内所普遍适用的法律原则。而具体原则，则是在基本原则指引下，于特定领域内所适用的相关准则。当然，具体原则也可以作为一个特定领域内的基本原则。正义是法的最高价值追求，在著作权法对作品的增值利益进行分配时，理应遵循法的价值追求。在原则与具体分配规则的制度设计之时，亦当力求分配正义的实现。

要素分配理论发源于经济学领域，在法学领域内同样适用。之所以将要素贡献作为作品增值利益分配的基本原则，是因为该原则对著作权法公平分配作品增值利益大有裨益。首先，按要素贡献分配作品的增值利益，符合当今社会主义初级阶段市场经济的发展要求。按要素分配相比按劳分配这一方式而言，更适合由创造要素投入而产生的无形财产权的利益分配。而按要素分配与按劳分配，均是符合社会主义初级阶段市场经济财富分配的方式。其次，按主体要素投入的贡献进行增值利益分配，可以在细分作品增值利益构成的基础之上进行利益衡量，是一种客观、科

---

❶ 葛洪义. 法理学（第四版）[M]. 北京：中国人民大学出版社，2015：124.

学的分配方式。最后，在著作权法对作品增值利益分配之时，应当秉承法对分配正义的价值追求，而按要素贡献对作品的增值利益进行分配，可以使各主体依据各自的贡献获得其应得之利益，利于分配正义的达成。作为基本原则，按要素贡献分配可以使各主体在投入要素之后，按其要素贡献大小获得相应收入，不仅利于作品增值利益链上的各主体接受分配结果，减少相应的纠纷，保障社会秩序，更能促进利益的分配效率并提高作品的生产效率。总之，按要素贡献分配作品的增值利益是一种公平的分配方式，利于分配正义的实现，因而应当确立以要素贡献作为作品增值利益分配的基本原则。

基本分配原则的确立，有助于为作品增值利益分配的具体制度设计指明方向。在著作权法中，遵循按照要素贡献对作品增值利益进行分配的原则时，应当明确两个前提：第一，作品增值利益的产生源于不同主体创造、资本、管理和使用要素的投入，无要素投入则无作品增值利益；第二，作品的增值产生于作品的利用过程中，只生产而不传播作品也无法产生作品的增值利益。换言之，在要素投入的基础之上，作品增值利益的产生必须通过他人对作品的接触，即通过作品的交易或其他方式的传播，方可得到增值。可见，要素的投入与作品的利用，是作品增值利益产生的前提，也是按要素贡献分配作品增值利益的前提。

在明确了以要素贡献为基本分配原则的基础之上，还需对作品增值利益的基本量化标准、基本分配手段以及产生纠纷的最终救济方式等问题进行研究。虽然这三个方面所涉及的问题称不上是作品增值利益分配的基本原则问题，但是也属于作品增值利益分配中各领域内的基本问题。因而，属于著作权法在作品增值利益分配过程中所遵循的一般性规则，即作品增值利益分配的具体原则，同样对相应的分配环节起到一定的指引作用。

二、以市场定价为分配的量化标准

对作品增值利益进行分配，首先面临的问题便是如何衡量作品的增值利益。如果作品没有增值或增值利益无法衡量，则无法对该利益进行分配。此时涉及两个层面的问题，一是应当明确作品的哪一部分利益为增值利益，二是应当明确以何种标准对该部分增值利益进行量化。

针对何为增值利益的问题，如前文所述，作品增值利益产生于人们对作品的利用，常发生在著作权的利用阶段，包含三种主要类别。第一，因利用使作品内容发生变化而产生的增值利益；第二，因利用方式的改变而产生的增值利益；第三，作品内容及利用方式均未改变，却随着时间推移自身产生的增值利益。在以上三种情况下，作品均产生了增值利益。具体而言，在第一种类型中，相对于原作品而言，加入新创造要素改变了原作品的内容，改变内容后新作品产生出的利益相对于原作品而言是一种增值利益。此时，新作品产生的全部利益，即为原作品增值利益分配时需要进行量化的。在第二种类型中，作品通过新的资本要素的投入，被以新的方式进行传播。该种新传播方式，并不存在于作品原有交易的考虑之中，因而此时作品的增值利益是指新传播方式带来的收益。在对该类型作品增值利益进行分配时，应当量化新传播方式所产生的利益。在第三种类型中，由于作品的内容和传播方式均未改变，因而增值利益是指作品转售时高于之前售价之所得。此时对增值利益进行分配之前，应当计算作品转售所得高出原来售价的部分。

虽然在三种增值利益产生之时，主体投入的要素有所不同，增值利益形成的方式亦有所区别，但在具体的分配之前，均需要对作品在后的获利进行计算。此时对作品在后产生的利益进行量化的标准，会直接影响增值利益的计算结果，继而间接影响作品增值利益的分配。

例如，在第一种增值利益中，如果在原作品的基础之上创造出演绎作品，那么演绎作品所产生的利益相对于原作品而言即为增值利益。假设该演绎作品是一部小说，被演绎者放在网络中供他人阅读，那么如何计算该演绎作品产生的利益呢？在第二种增值利益中，如果一款游戏被制作成虚拟现实（VR）游戏，通过VR设备进行传播，该款游戏并没有被单独售卖，那么如何计算该游戏在新传播方式中产生的利益呢？在第三种增值利益中，如果一幅字画被艺术商转卖，并非以金钱方式给付，或者转卖发生在他国，那么该如何计算该字画的转售利益呢？显然，不同种类的增值利益有不同的利益表现方式，但是这并不影响从整体上制定一个对增值利益进行量化的标准。

其中，上述演绎作品的利益，可以依据网站的点击率和流量等数据，对演绎作品的真实阅读量进行预估，并按照一般网站的广告投放及相应收益的市场定价对演绎人的获利情况进行估算。对于游戏的新形式传播，有时候该款游戏可能内嵌于设备之中，又或许随游戏设备的购买而附带赠送，此时依然可以按照市场中类似游戏的定价，或者市场中同行业其他无捆绑设备的定价对该游戏的销售价格进行估算。在书画作品转卖中，如果该交易发生在其他国家，并且转售交付的并非金钱，而是其他形式的物品，那么则应当首先考虑该用于支付物品的市场定价，再对当时交易的实际汇率进行查证，最终通过对该艺术作品市场定价预估的综合考虑估算该作品的转售价格。

在对产品价值进行衡量时，曾经出现过劳动价值论和市场价值论等的理论争议。虽然劳动可以对商品价值进行衡量，然而市场价值的衡量对于市场中作品的交易以及增值利益的量化更有实际意义。作品的增值利益是作品首次销售或本来交易后再利用或再交易的所得，作品的增值利益在市场交易中进行，因而市场价值才最完整地体现了作品增值利益的全貌。换言之，作品是否直接获得了相应的利益，抑或是该利益是否以金钱方式进行给付，均不影响通过市场定价来对利益进行量化，即市场定价应为作品增值利益的量化标准。

通过上述分析不难发现，在必要的要素投入和作品传播的基础之上，应当以要素贡献为原则对作品增值利益进行分配，而这一基本原则的遵循离不开对作品增值利益的量化。虽然作品增值利益产生有不同的类型，但均应当以市场定价对增值利益的分配进行量化。

三、以各方合意为分配的基本手段

法律应当调节不同主体间的利益分配矛盾，通过制度设计确保利益的分配公平，著作权法亦是如此。著作权法需要通过对作品基本属性和类别的规定，来确认何种作品的利益可以受到保护；通过对权利的规定和配置，初步分配作品产生的利益。而对于受著作权法所保护的作品增值利益分配问题，现行《著作权法》却并未涉及。作品增值利益是作品产生利益的一种，本应在著作权法的调整范围内，此种制度空缺实属遗憾。

著作权法在面对作品增值利益分配问题时，可以通过基本原则的设定来指导具体制度的制定及实施，也可以通过一般性规则的制定来规范作品增值利益的分配行为。然而，法律是否应当对人们的日常生活、经济往来、市场交易等行为进行事无巨细的规定呢？答案当然是否定的。因此，在著作权法中，不便也不需要对作品增值利益分配的具体手段逐一进行规定。例如，对于作品增值利益分配，法律可以制定一个最低的分配限额，而具体的分配比例可由各方依照相应的贡献在相关限度内自行协商。不仅如此，对于作品增值利益分配的支付方式、时间和违约责任等事项，也可由各方主体自行商定。

作品增值利益产生于作品的利用阶段，在市场中则属于市场的交易阶段。在市场中，民事主体应当本着自愿、平等、公平的原则进行交易。以订立合同为例，在合同订立的过程中，需要经过合同双方的平等协商，在双方意思自治的基础之上达成合意。作品的增值利益分配可以被视为作品交易过程的延续，与合同的订立相似，作品增值利益分配过程也应当秉承市场交易中的平等自愿精神，由参与分配的各方，对具体的分配问题进行协商，并依据各方的合意来分配作品的增值利益。

针对以合意作为增值利益的基本分配手段这一具体原则，需要注意的是，以各方合意作为作品增值利益分配的基本手段，并非指所有参与分配的主体均有权放弃增值利益的分配。作品增值利益由不同主体的要素投入产生，各主体依照其创造、资本、管理和使用要素的投入贡献来参与作品的增值利益分配。由于资本、管理和使用要素的投入发生于市场之中，相关主体则可以按照意思自治的原则，自愿地处分其应得的利益，甚至放弃参与增值利益的分配。而作者作为创造要素的投入主体，其要素投入并非发生于市场之中，而是投入于作品产生之时，因而不能像其他市场参与主体一样，主动放弃对作品增值利益的分配。

这样安排的原因如下：第一，以要素贡献分配原则要求对不同主体的要素贡献进行衡量，不同要素的贡献各异因而需要区别对待。即创造要素参与作品增值利益分配，是要素贡献这一基本分配原则的应有之义。第二，由于其他要素均有机会在随后的市场交易行为中获取相应的投入回报，唯独作者难以在法律无明确规定的情况下获取后续市场交易中的利益，因而创造要素主体不可放弃作品增值利益的分配。此种规定并非对作者的限制，而是出于对作者创造的尊重。

总之，以各方合意为分配的基本手段，就是给规则一个修正的机会，给意思自治留下应有的空间。特别是针对那些不能完全确立的分配规则，更应当充分尊重主体间的意思自治。当然，完全的合意也可能造成一定的风险，例如创造主体无法参与增值利益分配。面对此种情况，则需要依靠相关的制度设计，帮助作者摆脱如此尴尬的境地。

四、以司法裁判为分配的最终救济

作品的增值利益按照要素的贡献进行分配，这一基本原则的确认有利于分配的公平实施。分配公平可以促进分配过程的高效实施，不仅如此，分配准则的制定还可以减少纷争。对于作品增值利益分配过程中量化标准的制定，有利于明确增值利益可供分配的具体数额，使各方具备参与分配的基础。而各方通过合意对增值利益进行分配，可以充分发挥利益链上各主体的主观能动性，在公平协商的基础之上获得相对满意的分配方案。

虽然上述原则的确认有利于作品增值利益的公平分配，也利于分配程序的顺利进行，然而，事物的发展往往并不能完全如我们所愿。在作品增值利益分配过程中，难免会遇到一些难题或者利益分配纠纷。面对作品增值利益分配矛盾之时，各主体首先应当进行充分的协商。如果协商不成，还可以向相关的集体管理组织请求协助。如果该纠纷不涉及集体管理组织，或相关主体不愿向集体管理组织进行申请，又或是经由集体管理组织出面仍无法解决的，则应当依靠司法对该问题进行救济。即司法裁判应当为作品增值利益分配问题的最终救济方式。

在主体向法院进行起诉时，如果诉讼事由涉及作品增值利益的分配问题，则应当向法官明确自己参与作品增值利益分配的主张。法官则需要按照具体的法律规定，对该问题进行审理。如果相关问题在法律中并没有规定或规定不明，法官则需要依据作品增值利益的分配原则对该案件进行审理。其中，最主要的原则当属按要素贡献分配作品增值利益这一基本原则。在该原则的指引下，首先，应当查明相关主体是否有资格参与作品增值利益的分配，即相关主体是否在作品增值利益产生过程中投入了创造、资本、管理或使用要素。只有这四个要素的投入主体及其相关利害关系人，方可参与分配。其次，对作品增值利益数额进行查明。此时需要依靠市场定价，来对作品增值利益进行量化。在此基础之上，考察纠纷各方是否存在与增值利益分配相关的合意，并对该内容是否合法有效进行查证。最后，依据各主体投入要素的贡献以及可采信的合意内容，对作品增值利益作出具体的分配。

经过上述程序，各主体间关于作品增值利益分配产生的社会关系得到了调整，分配不公的现象也通过司法裁判得以矫正，各方当事人在该司法裁判下获得了公平的利益分配。可以说，司法裁判作为作品增值利益分配问题的救济方式，具有终局性的特征。

本章小结

分配问题并非一个简单的理论问题，在经济学和法学等多学科领域内都有极为重要的地位。在经济学中，财富的分配是众多学者争先研究的问题。经济学家对财富分配理论的研究，促进了经济学中要素分配理论的形成、发展和完善。由于按要素分配是一种符合公平、市场规律和现阶段社会发展水平的分配方式，因而理应按照要素贡献对财富进行分配。

按要素分配理论不仅在经济学中被视为公平的分配方式，在法学领域内亦是如此。作品增值利益的产生，源于主体的要素贡献，因而按照要素贡献对作品增值利益进行分配则是一种公平的分配。由于法律价值的多元化，法律所追求的目标时而一致，时而发生冲突。当这些法的价值产生冲突之时，正义应当是法律价值中最为重要的一项。法对正义的追求体现在许多方面，分配正义即为其中之一。因而在著作权领域内，依照主体的要素贡献对作品的增值利益进行公平分配，符合法对分配正义的追求。

由于按要素贡献进行分配，是一种公平的分配方式，符合法的正义价值追求，因而，应当以此作为作品增值利益分配的基本原则。基本原则的制定，可以在整个作品增值利益分配的过程中，起到指引性的作用。还可以对具体的制度设计，进行价值取向方面的把控，并可以成为法官解释法律，以及进行裁判的重要依据。在此基础之上，还应当对一些具体的分配环节指明方向，制定相应的具体原则。即在对作品增值利益进行量化时，量化标准应当以市场定价为原则；在利益主体自行分配作品增值利益时，应以各方合意为原则；当利益分配产生矛盾时，应以司法裁判为最终的救济。这样一来，便形成了一套以要素贡献为核心的作品增值利益分配的整体性原则。

第三章　演绎作品增值利益的法律分配

前文对作品增值利益的类型和分配原则进行了系统论述。在按照产生原因对作品增值利益进行分类时，第一种作品增值利益即为在作品的演绎性使用过程中，由作品内容的改变而产生的作品增值利益。演绎作品产生的利益，是内容变化产生作品增值利益的典型代表。因而对此种作品增值利益分配问题进行探讨，不妨以演绎作品的保护为视角进行。

随着网络技术的飞速发展，作品的传统利用形式已不能满足人们的需求。在市场利益的驱动下，作品的演绎方式被不断丰富。许多知名作家的作品，更是凭借着超高人气，受到各大影视公司的追捧——"IP 热"现象应运而生。❶ 演绎作品市场的繁荣推进了作品增值的潮流，也使得知识产权再次受到社会大众的关注。作品的增值利益产生于作品的利用阶段，相较于初始权利配置、初次许可或转让所带来的利益而言，作品利用过程中产生的利益即为作品的增值利益。作品内容以及传播方式的变化均可能产生增值利益，演绎作品即为典型代表。演绎作品不仅是技术与市场双重作用下的产物，更是作品增值利益的载体，其重要性不言而喻。因此，关注演绎作品的增值利益分配问题，具有一定的理论和现实意义。

国内学者对演绎作品的研究，主要集中于演绎作品的构成，

---

❶ 聚焦风口上的文化产业 "IP 热"为何如此流行？［N］. 人民日报，2015 - 05 - 21（17）.

以及如何对其进行保护等问题。❶ 学界对演绎作品概念及构成要件的探讨，反映了我国《著作权法》对演绎作品定义的空白。这一立法内容的缺失，直接影响了我国演绎作品司法保护的水平。在演绎作品保护的探讨中，国内学者更为关注侵权演绎作品的保护，他们倾向于认为应当保护侵权演绎作品，但所主张的保护方式有所不同。❷ 相比之下，由于存在法律规定以及大量的判例，国外学者对演绎作品的讨论则涵盖了案例分析、例外制度以及侵权等多方面的研究。❸ 国内外学者的研究成果，大大地丰富了人们对演绎作品的认识，为今后的研究奠定了一定的基础。然而，法律对演绎作品的保护并非天然存在，保护程度亦非一成不变。演绎作品自产生之初就成为社会公众与私人利益争夺的对

---

❶ 关于演绎作品的构成要件，有学者认为：演绎作品需要利用已有作品的表达，并应当具有独创性；有学者认为：对演绎作品固定性的要求应当统一标准；还有学者认为：应当在著作权法中界定演绎作品的概念，并且将"可区别性变化"规定为演绎作品的可版权性标准。参见：黄鑫. 论演绎作品的构成要件 [J]. 法制博览，2015（30）；郭斯伦. 演绎作品构成研究 [D]. 北京：中国政法大学，2008；孙玉芸. 论演绎作品的固定性 [J]. 武汉理工大学学报（社会科学版），2015（2）.

❷ 有学者认为应利用著作权法对非法演绎作品进行消极保护，还有学者认为可以依据民法理论对其进行保护。参见：黄汇. 非法演绎作品保护模式论考 [J]. 法学论坛，2008（1）；邱宁. 在合法与非法之间：未经许可创作的演绎作品之著作权辨析 [J]. 法学杂志，2012（4）；李娜. 浅论对侵权演绎作品的保护问题 [J]. 法制与社会，2015（18）；王小丽. 侵权演绎作品能否享有著作权辨析 [J]. 商场现代化，2006（36）；孙玉芸. 论非法演绎作品的法律保护 [J]. 南昌大学学报，2012（5）；董慧娟. 非法演绎作品保护新论 [J]. 广东海洋大学学报，2008（2）；陈惠珍. 未经许可创作的演绎作品仍受著作权法保护 [J]. 人民司法，2009（12）；姜丽媛. 论"非法演绎作品"的保护 [J]. 犯罪研究，2005（6）.

❸ GOLDSTEIN P. Derivative rights and derivative works in copyright [J]. Journal Copyright Society of the U. S. A., 1982（30）：209；DETERMANN L. Dangerous liaisons – software combinations as derivative works? distribution, installation, and execution of linked programs under copyright law, commercial licenses, and the GPL [J]. Berkeley Technology Law Journal, 2006（21）：1421；KARJALA D S. Harry Potter, Tanya Grotter, and the copyright derivative work [J]. Arizona State Law Journal, 2006：17；VOEGTLI N A. Rethinking derivative rights [J]. Brooklyn Law Pevien, 1997（63）：1213.

象，而作为原作品的增值利益，演绎作品的权属规则更是作品增值利益分配的调节器。演绎作品所涉及的问题，诸如，法律对演绎作品保护的初衷究竟为何？当今不同的立法保护模式是如何演变而来的，其背后蕴藏着怎样的利益分配逻辑？最终又是如何通过演绎作品的利益分配来调节作品增值利益的？这些问题值得我们深入研究，也是本章立足解决的问题。

本章以演绎作品的立法保护为起点，从不同的立法模式解析入手，揭示演绎作品保护中的作品增值利益之争。继而对现实中出现的问题进行分析，试图厘清演绎作品各方利益的边界，还原作品增值利益的分配逻辑。最终，提出演绎作品增值利益的要素分配原则和具体分配方式，希望能为解决演绎作品增值利益分配问题提供一定的理论贡献。

第一节 演绎作品的立法轨迹与保护模式

正如边沁所言："权利对于享有权利的人来说本身就是好处和利益。"❶ 著作权法产生于商人对作品利益的追求，❷ 以著作权法保护演绎作品以及相关权利人的权利，实际上就是以立法形式分配由演绎作品产生的作品增值利益。研究演绎作品的增值利益分配，首先应当了解何为演绎作品，法律又是如何从无到有地对其进行保护的。

一、演绎作品的立法轨迹：从复制到演绎

演绎作品是一种基于已有作品而形成的特殊作品，特殊之处

---

❶ 边沁. 立法理论 [M]. 李贵方，等译. 北京：中国人民公安大学出版社，2004：117.

❷ SHERMAN B, BENTLY L. The making of modern intellectual property law: the British experience, 1760–1911 [M]. Berkeley: Cambridge University Press, 1999: 12.

在于它是依赖前人作品进行的再创作。❶ 其中，"再创作"意味着演绎作品必须具备独创性。关于"演绎作品"这一概念，我国《著作权法》以及《著作权法实施条例》等法律法规中并未涉及，立法者仅对其所包含的翻译、改编等作品作出了原则性说明。❷ 在著作权法中对演绎作品进行定义的做法，以美国最为典型，其版权法第101条不仅列举了9种演绎作品的方式，还概括出了演绎作品的内涵——有变化的有独创性的作品。❸ 不仅如此，美国版权法第103条还对演绎作品的保护范围作了进一步说明。❹

关于演绎作品的规定，并非一开始就存在于著作权法之中。在世界首部著作权法——1710年《安妮法案》诞生之后，美国于1790年效仿英国，颁布了该国的第一部著作权法美国联邦版权法，❺ 并分别于1831年和1856年对其进行修订。遗憾的是，在这一阶段演绎作品并未受到法律的特殊保护。在此期间，英国在与法国签署的保护版权双边协定中承认了翻译权，并于1852年修订了英国国际版权法，正式以立法的形式保护翻译权。❻ 随

---

❶ 田村善之. 日本知识产权法（第四版）[M]. 周超，李雨峰，李希同，译，张玉敏，审校. 北京：知识产权出版社，2011：412.

❷ 参见：《著作权法》第10条、第12条。第10条规定："著作权包括下列人身权和财产权：……（十四）改编权，即改变作品，创作出具有独创性的新作品的权利；（十五）翻译权，即将作品从一种语言文字转换成另一种语言文字的权利……"第12条规定："改编、翻译、注释、整理已有作品而产生的作品，其著作权由改编、翻译、注释、整理人享有，但行使著作权时不得侵犯原作品的著作权。"

❸ 17 U.S.C. §101.

❹ 17 U.S.C. §103.

❺ 美国联邦版权法全称为授予地图、图表和图书的作者及其所有者法定期限内的复制权以促进知识之法，共7条，仅对地图等作品的复制权予以保护。

❻ 英国国际版权法全称为 "An Act to Enable Her Majesty to Carry into Effect a Convention with France on the Subject of Copyright, to Extend and Explain the International Copyright Acts, and to Explain the Acts relating to Copyright in Engravings"。

后，美国于 1870 年修订版权法时，加入了对翻译权的保护。❶
1886 年签订的《伯尔尼公约》，更是明确规定了各成员国应保护
著作权人的翻译权。实际上，立法者最初认为对作品进行翻译是
一种可以增加知识的有益行为，符合知识产权法的立法目的，所
以仅对未经授权的复制行为予以规制，而对作品的翻译行为少有
干涉。❷ 特别是在美国，根植于宪法传统制定的美国版权法，❸
更是希望通过限制版权人的权利，达成促进科技（知识）进步
的宪法目标。❹ 翻译作品增值利益的争夺，对复制权产生了冲
击，推动了著作权法的立法进程。立法保护翻译权，冲破了原有
著作权法中唯复制权一家独大的现象，为后续包含翻译方式获得
的演绎作品之保护，开创了有利局面。

　　继翻译权之后，改编权的设立是各国以立法形式保护演绎作
品的又一标志性举措。众所周知，著作权的历史是一部扩张史，
正如易健雄教授所言，"技术的发展就是著作权扩张的直接原
因"，❺ 演绎作品的产生和发展也与技术发展息息相关。技术的
进步增加了作品的传播方式，扩大了改编作品的空间。由于法律
规范的缺失，诸如小说改编为戏剧等行为的合法性问题引起了人
们的广泛关注。面对演绎作品的出现以及原作品和演绎人间激烈
的利益之争，法官们普遍认为当技术进步使法律条文变得模糊不
清时，应当基于宪法目的对其进行解释。❻ 不仅如此，立法者也

---

❶　Act of July 8, 1870, 16 Stat. 212 c. 230 §86, 35 Cong., 2d Sess.

❷　Statute of Anne, 8 Anne, c. 19 (1710).

❸　U. S. CONST. art. I, §8, cl. 8; see, e. g., EDWARD C. Walterscheid, the Na-
ture of the Intellectual Property Clause: a Study in Historical Perspective [J]. 2002:
125 – 126.

❹　Campbell v. Acuff – Rose Music, Inc., 510 U. S. 569, 579 (1994); see also
LITMAN J. Readers' copyright [J]. J. Copyright Society of the U. S. A. 2011 (58): 325,
330 – 331.

❺　易健雄. 技术发展与版权扩张 [M]. 北京: 法律出版社, 2009: 187.

❻　Twentieth Century Music Corp. v. Aiken, 422 U. S. 151, 156 (1975).

以小心谨慎的态度对待版权扩张的问题。❶ 直到 19 世纪中晚期，美国才开始认为几种特殊演绎作品可以被作者所控制。❷ 1908 年《伯尔尼公约》的修订，首次肯定了作者的改编权，使小说改编而成的戏剧作品受到了保护。❸ 在此影响之下，美国于次年再次修订了版权法，并以列举形式保护了改编权。❹ 1911 年重新编纂的英国版权法，也对作者的一些特殊作品给予了改编权的保护。❺ 翻译和改编行为，是演绎作品产生的最重要方式。至此，演绎权的雏形基本完备，法律对演绎作品的保护也呼之欲出。

　　1976 年，美国版权法第一次使用了"演绎作品"（derivative works）的概念，❻ 并将演绎权扩张至"准备演绎作品"的权利（preparation of derivative works）。❼ 从《安妮法案》到 1976 年的美国版权法，"演绎作品"这一法律概念得以产生，经历了近 300 年的洗礼，演绎权也从复制权中破茧而出，获得了法律上的一席之地。在此之后，各个国家和地区纷纷效仿美国对演绎作品和演绎权进行保护。例如，德国著作权法规定了演绎作品和演绎权，❽ 日本著作权法规定了二次作品及相关权利，❾ 我国台湾地

---

　　❶ SAMUELSON P. The quest for a sound conception of copyright's derivative work right [J]. Georgetown Law Journal, 2013（101）：1505, 1508.

　　❷ Copyright Act, ch. 230, §86, 16 Stat. 198, 212（1870）（repealed 1909）; see e. g. , Folsom v. Marsh, 9 F. Cas. 342, 349（C. C. D. Mass. 1841）.

　　❸ Guide to the Berne Convention for the Protection of Literary and Artistic Works（Paris Act, 1971）[M]. the WIPO, Geneva, 1978：19.

　　❹ Copyright Act of 1909, Pub. L. No. 60 - 349, §1（b）, 35 Stat. 1075, 1075.

　　❺ DEAZLEY R. Rethinking copyright history theory language [M]. Cheltenham：Edward Elgar Publishing Limited, 2006：145.

　　❻ 17 U. S. C. §101.

　　❼ 17 U. S. C. §106.

　　❽ 德国著作权法 第 3、23 条。参见：德国著作权法 [M]. 范长军，译. 北京：知识产权出版社，2013：4, 29.

　　❾ 日本著作权法 第 2、11、27、28 条。参见：日本著作权法 [M]. 李扬，译. 北京：知识产权出版社，2011：5, 14, 21.

区的"著作权法"也规定了衍生著作和衍生著作权。诚然，有的国家（比如英国、法国和中国）或未抽象出演绎作品的概念，或仍沿用列举的方式规定翻译权、改编权等具体权利，❶ 但对演绎作品的保护早已深入人心。

二、演绎作品的保护模式：封闭与开放

作品的增值利益产生于作品的利用过程中，相对于作者初次对作品进行许可或转让所获得的利益而言，基于该作品创作出的演绎作品所产生的利益，即为该作品的增值利益。简言之，演绎作品的利益相对于原作品而言，是一种增值利益。演绎作品依附于原作品而生，其产生的增值利益也必然与原作品相关。"法律的创造者不是概念而是利益"，❷ 从演绎作品产生之日起，原权利人与演绎人对作品增值利益的争夺就从未停止。正是这种增值利益之争，不断地推动着法律的演变。

为了寻求法律保护，相关利益人不断地对演绎作品保护的正当性进行论证。其中，最为便捷的方法，当属将原作品保护的原因，直接套用在演绎作品之上。既然演绎作品的产生需依附于原作品，那么保护原作品著作权的正当性论证，❸ 是否可用于解释保护演绎作品的原因呢？以下分而述之：首先，演绎作品在原作品之上加入了演绎人的创作。根据洛克的劳动财产权理论，演绎人对自己的创新劳动理应享有权利。❹ 其次，演绎人在演绎作品

---

❶　《伯尔尼公约》虽集中规定了包含翻译、改编等所得之演绎作品为受保护的作品，但分别对翻译权、改编权进行了规定。Art. 2，8，12，Berne Convention for the Protection of Literary and Artistic Works Paris Act of July 24，1971，as amended on September 28，1979.

❷　JHERING RV. der Zweck im recht，Bde. I，S. V，Vorrede［J］. Breitkopf und Hartel，1877.

❸　例如，洛克的劳动财产权理论、黑格尔的财产人格权学说，以及激励理论等。

❹　洛克. 政府论（下篇）［M］. 叶启芳，瞿菊农，译. 北京：商务印书馆，1964：19.

中投入的智力和精神要素，是其人格的体现。依照黑格尔的财产人格权学说，外化于演绎作品中的内容体现了演绎人的人格，因此也应当受到保护。❶ 最后，依照激励理论的观点，❷ 法律如果只保护原作品而不保护演绎作品，那么任何人创造作品后均可以垄断与之相关的知识和符号，不利于后人的研究和人们对作品的接触。法律如果保护演绎作品，则会激励更多的人投入创作，其代价是可能会利用已经存在作品的表达，而这一不良影响可通过制度设计（例如，通过思想表达二分法的理论来判定是否构成实质性相似，以及授权前置的要求）予以消除。因此，就整体而言，演绎作品的保护与著作权的保护目的是一致的，演绎作品具备法律保护的价值。

如前所述，各国对演绎作品保护模式是存有差异的。其中，最首要区别在于：是否将演绎作品作为一个独立的整体性概念规定于法律之中。演绎作品成为一种独立的作品类型被规定于法律之中，需要满足两个条件。第一，演绎作品是一种可区别于其他作品的特殊作品；第二，演绎作品作为一个独立的作品类别符合一国制定法中的法定分类标准及立法传统。

针对上述第一个问题，可从演绎作品所包含的内容入手进行探讨。演绎作品包含但不限于翻译作品和改编作品，这些作品均为基于已有作品的再创作作品。以翻译作品为例，翻译是将原作品的语言文字转换成另一种语言文字的行为。一般情况下，译者应当尊重原作品，不得对原作品进行歪曲和篡改。然而，正如莎士比亚所言，"有一千个读者就有一千个哈姆雷特"。被誉为"西方文学长河源头"的《荷马史诗》，其译本就有数百种，其中仅《伊利亚特》就先后出现了十余种影响广大的版本，即便

---

❶ 黑格尔. 法哲学原理 [M]. 范扬，张企泰，译. 北京：商务印书馆，1961：50.

❷ GOLDSTEIN P. Derivative rights and derivative works in copyright [J]. Journal Copyright Society of the U. S. A., 1982 (30)：209.

是广受好评的译本，仍然会遭到批评家的质疑。❶ 翻译作品促进了西方文明的发展，❷ 也影响了我国的语言文化。有学者研究认为，佛经的翻译促进了汉语双音化的发展。❸ 不仅如此，三国时佛经翻译家支谦重译的《法句经》还引发了翻译界的"文质"之争。❹ 诚然，翻译的实质是语言的转换，但古今中外的译者无论遵循何种翻译理论和原则，均不可避免地会加入自己的创作。因为译者在对原作品进行翻译时虽需忠于原作，却仍会融入自己对原文的理解以及对语言、句法、段落的选择与编排等。与原作品相比，演绎作品包含了演绎者的创造性要素，这种创造性体现在基于原作品表达之外的独创性表达。由此可见，演绎作品存在特殊性，是一种可以区别于原作品的特殊作品。

既然演绎作品有被保护的价值且具有特殊性，那么是否应当将其作为一个整体性法律概念规定于著作权法之中？该问题的答案显然不是唯一的。如前文所述，每个国家制定法中的法定分类标准及其立法传统是不同的。以我国为例，我国《著作权法》的作品类别并未包含演绎作品，然而却对"改编、翻译、注释、整理已有作品"而产生的新作品之著作权归属进行了统一的规定。❺ 如果上述四种作品并不具有相似性，则不应集中规定于一处；而如果其具备共性，又被规定于同一条法律之中，那么为何

---

❶　牛云平. 谁发现了真正的荷马：西方翻译史上的一桩著名公案 [J]. 中国翻译，2015（1）.

❷　谭载喜. 西方翻译史浅谈 [J]. 中国翻译，1985（7）.

❸　孙艳. 佛经翻译与汉语四字格的发展 [J]. 中央民族大学学报（哲学社会科学版），2005（1）.

❹　224 年，支谦重译《法句经》时提出：原译者竺将炎"虽善天竺语，未备晓汉，其所传言，或得胡语，或以义出音，近于质直"。原译者之一的维抵难反击道："佛言，依其义不用饰，取其法不以严。其传经者，当今易晓，勿失厥义，是则为善。"参见：陈舒. 从"文质之争"看佛经翻译的传统 [J]. 国外外语教学（FL-TA），2006（1）.

❺　参见：《著作权法》第 12 条.

不将其抽象出共性并予以说明呢？显然，我国《著作权法》的这一安排不尽完美。演绎作品具备保护的必要性和特殊性，在我国也存在立法基础（《著作权法》第12条），因此理应明确演绎作品的概念，并对其进行保护。

各国对演绎作品保护的另一重要区别在于立法模式的差异。法律是否对演绎作品进行保护，取决于其是否存在被保护的价值；而对其保护的程度，则体现了立法者的增值利益分配观。对演绎作品保护的立法模式主要包括以英国为代表的"封闭模式"和以美国为代表的"开放模式"。美国法律对演绎作品的规定采取较为宽泛的"概括加列举法"，即任何形式的重铸、转换、改编形成的作品都可以成为演绎作品。相比之下，英国对演绎作品则采取了"列举式"的保护，此种模式相对保守，只有法律明确规定的几种形式。如1911年英国版权法将复制权扩展到改编权，并仅规定四种改编行为。❶这两种立法模式，直观地体现了不同国家面对技术进步所带来的法律滞后问题，及其解决态度，到底是趋于灵活抑或是更注重法律的规则性。❷

针对不同立法模式的选择，曾有学者指出："应当借鉴美国版权法有关演绎作品定义的相关规定，采取'具体列举＋抽象概括'的立法模式。"❸此种观点，是建立在"开放式"立法便于处理新型演绎作品纠纷这一基本认识之上的。相对于我国现行立法而言，无疑是可取的。然而，两种模式实际上都具有各自的优劣之处，其缺陷也可通过其他方式予以弥补。例如，英国的列举式模式，可以随着时代的发展和技术的进步，通过司法判例逐步添加新的演绎作品类别，以弥补其列举模式的缺陷；美国的开放

❶ Copyright Act, 1911, 1 &2 Geo. 5, c. 46, §2 (Eng.).

❷ GOOLD P R. Why the U. K. adaptation right is superior to the U. S. derivative work right [J]. Nebraska Law Review, 2014 (92): 843.

❸ 卢海君. 从美国的演绎作品版权保护看我国《著作权法》相关内容的修订 [J]. 政治与法律, 2009 (12).

模式，也可以在司法实践中，通过法院对该条款的限缩解读，来控制过于扩大化的演绎作品保护类别。从本质上讲，不同的立法模式均为立法者根据本国实际情况，对利益冲突进行衡量后的产物，并没有绝对的优劣之分。

演绎作品在演绎人的创造性劳动之下，从原作品中脱颖而出，其中所包含的独创性，是法律将其视为一种独立的作品并予以保护的原因。同时，原作者的独创性也是演绎作品价值的重要组成部分。演绎作品产生的利益，相对于原作品而言，是一种增值利益。这种增值利益是否应当在原作者和演绎人间进行分配以及如何分配，体现出了演绎作品保护中的增值利益分配之争，同时也体现了立法者的增值利益分配观——兼顾原作品作者和演绎人利益。

如果立法者倾向于将演绎作品产生的利益，完全分配给原作品的作者，则会不承认演绎作品，抑或是对演绎作品的认定赋予极高的创造性要求，并将演绎作品的利益获取权赋予原作品作者；若立法者倾向于将演绎作品产生的利益，完全分配给演绎人，则也有可能不承认演绎作品，并认为极低的创造性投入即可产生全新的作品，既然该"全新作品"与"原作品"完全脱离，所产生的利益当然地归属"演绎人"所有。实际上，在当今世界中，立法者普遍选择对演绎作品进行保护。这是一种兼顾原作品作者和演绎人创造要素投入的作品增值利益分配观。一方面，对需征得原作者同意方可进行演绎的规定，体现出了对原作品作者的尊重，也为原作者获取增值利益提供了制度保障。另一方面，对演绎作品本身的确认和保护，就是对演绎人创造要素的肯定，演绎人可以凭借其投入的创造要素，获取由演绎作品产生的相关利益。

可见，演绎作品的立法保护，对原作者和演绎人而言，都是一种增值利益分配的保障。然而，法律兼顾原作者和演绎人的利益，是否会产生二者对演绎作品的"双重控制"？实际上，如能划清演绎作品增值利益的边界，那么该问题便可迎刃而解。

第二节　演绎作品司法保护的利益边界

著作权法对演绎作品的保护轨迹，清晰地展现出了法律为分配演绎作品利益确认相关权利的过程。而由演绎作品引发的纠纷，也恰好反映了各主体之间对作品增值利益的争夺。除了立法之外，司法保护过程中的实践，对于演绎作品的利益分配研究也十分重要。针对司法保护中的案例进行研究，可为我们还原蕴含于其中的增值利益分配逻辑提供实证参照。

在当今社会，通过立法保护演绎作品已然成为一种趋势。而在近代早期，立法尚未保护演绎作品之时，法院在不同阶段处理演绎作品利益纠纷的态度也存在差别。

一、演绎作品的豁免阶段

1720 年发生的 *Burnett* 案，❶ 可谓是《安妮法案》颁布后英国历史上关于演绎作品的第一个里程碑式的案件。该案的被告未经许可印发了《考古哲学》（拉丁文作品：*Archeologia Philosophica*）的英文版本，原告发现后便试图禁止这种行为。法官在判决中赞同被告的观点，认为法律的目的仅仅是阻止单纯的复制行为，并表示由于翻译者对作品进行了创作，翻译作品便成为与原文不同的新作品，法律并不禁止这种产生新作品的行为。随后发生于 1740 年的 *Gyles* 案，❷ 则是一个关于节选作品的侵权纠纷。针对节选作品是否侵权的问题，审理该案的法官认为：如果某一删节版本是真正公允的，则应当被认为是一部新作品，即拥有创造性的删节行为可以被法律所赦免。上述两个案件表明，在《安

---

❶ Burnett v. Chetwood, 35 Eng. Rep. 1008（Ch. 1720）.

❷ Gyles v. Wilcox, 26 Eng. Rep. 489（Ch. 1740）.

妮法案》颁布初期，英国的法官普遍认为，演绎作品是演绎人创造的产物。演绎作品的出现，虽然向复制权发起了挑战，但在是否侵权的判定中，还需将演绎行为与复制行为进行对比。由于演绎活动并非法律禁止的机械复制行为，并且在鼓励新作品产生这一立法目的的指引下，演绎行为符合立法目的，因此不被禁止。

在美国，演绎作品的出现也向传统的复制权发起了挑战，Stowe 案即为一例。❶ 该案的法官对"复制"进行了较为严格的解释，认为复制必然是使用同种语言的行为，而被告的德文翻译显然没有侵犯原告英文作品的复制权。与前述英国法官相同，美国法官也认为演绎作品利于著作权法的鼓励创作之目的，因此具有独立的价值，不应被禁止。

第一个打破传统复制观念的案件，当属 Daly v. Palme 案。❷ 该案原告诉称：被告公开表演戏剧《黑夜之后》（After Dark）的计划，侵犯了其作品《煤灯之下》（Under the Gaslight）的公开表演权。法官经过比对后发现，两部作品多数场景并不相似，但均包含"在火车飞奔而至的紧要关头救下铁轨上的人"的场景，两个场景在行动和叙事以及戏剧效果等方面具有极强的相似性。更为重要的是，该场景是原剧最吸引观众的地方。据此，法官判定被告作品构成了对原告作品的代替，被告的行为侵犯了原告的权利。由于该案件发生时，法律并没有规定演绎权，法官最终以判决被告侵犯原告公开表演权的方式，保护了原告的权利。❸ 该判决为打破复制权，并最终使法律扩张至演绎权作出了重大贡献。

在这一阶段，法院的审判逻辑如下：第一，在面对演绎作品纠纷时，法院首先判断该作品与原作品是否一致。如果其与原作

---

❶　Stowe v. Thomas，23 Fed. Cas. 201（C. C. E. D. Pa. 1853）.

❷　Daly v. Palme，6 Fed. Cas. 1132（C. C. S. D. N. Y. 1868）.

❸　美国于 1856 年修改著作权法时，添加了公开表演权。Act of August 18, 1856, 11 Stat. 138.

品有所区别，则被视为一个新作品进入利益分配的环节。● 第
二，对相互冲突的两方利益进行衡量。由于演绎作品的产生符合
著作权法的立法目的，可增进社会公众的知识总量，对其进行保
护符合社会公众的利益。当演绎人与社会公众利益相一致时，原
作品权利人与演绎人间的增值利益冲突，就转化为原作品权利人
和社会公众间的利益冲突。而此时，法院更倾向于保障社会公众
的利益，认为原作品权利人应作出让步。第三，得出结论。具有
独创性的演绎作品应当被视为新作品，而非原作品的复制品。即
独创性的演绎行为，不是法律所禁止的侵权行为，其产生的利益
应归属于演绎人。

　　早期的演绎作品被认定为非侵权作品，得到了法律的豁免，
演绎作品产生的相关利益自然归属于演绎人。而到了 *Daly* 案之
后，"复制"的含义得到了扩张。但由于此时的法律，只禁止作
品的非法复制。在原作品上的加工行为，只要具备独创性，都会
被认为是新作品。在这种观点的影响下，并不具备演绎作品概念
产生的空间。

　　此时法院的判决，虽然表现为对独创性的考察，以及利益衡
量后对演绎行为是否侵权的判断，但实际上则是通过对"演绎"
行为中独创性的认可，将"演绎作品"产生的作品增值利益全
部分配给了"演绎人"。

　　二、演绎作品的限制阶段

　　美国于 1870 年授予作者保留戏剧化和翻译作品的权利，开
启了保护演绎作品的先河。英国授予作者戏剧化作品的权利，则
要晚于美国。例如，发生在 1874 年的 *Toole* 案，❷ 审理该案的法

　　● 如被诉的作品与原作品相同或不具备独创性，则被视为原作品的复制件，将
被判侵犯原作品的复制权。

　　❷ Toole v. Young. 9 LR（QB）523（1874）.

官坚持认为作品公开发表后，作者就无权阻止他人戏剧化自己的作品。而此时的美国，虽然尚未明确保护改编权，但他人对受保护作品进行细微改动的使用行为，早已被视为侵权。❶

1909 年的美国著作权法，将包含戏剧化作品在内的改编权赋予了著作权人，并将不同种类作品的不同改编形式进行了列举。❷ 如前文所述，翻译权和改编权的设立使得法律对演绎作品的保护初具雏形。如果说上一阶段演绎作品的出现是对传统复制权的挑战，那么对演绎作品进行限制便是对"思想表达两分法"的挑战。

在这一时期较为典型的演绎作品案件，当属 *Dam* 案。❸ 该案的原告达姆（Dam）在 1898 年创作了一个故事 *The Transmogrification of Dan*，并于 1901 年将该作品的手稿交由一家杂志社出版。被告是一家经营戏剧业务的公司，自 1905 年起在美国的多家剧院多次公开表演名为 *The Heir to Hoorah* 的戏剧，原告诉称被告的上述行为侵犯了自己戏剧化作品的权利。而被告则辩称其上演的戏剧剧本是另一剧作家阿姆斯特朗（Paul Armstrong）所写，并非原告的作品，原告不能排他性地控制特定主题领域内的思想。美国联邦第二巡回上诉法院在审理该案时指出：原告戏剧化作品的权利，应当包含一些为了在舞台展现而作出的必要改变和增减。被告在原告故事的框架下，增加了更多的角色和事件，虽然并未使用原告故事中的语言和人物的姓名，但主题却与原告相同。如果该剧作家并未使用原告故事并独立创作，创造了一个包含该特定思想的戏剧，则并不侵犯原告故事的著作权。然而通过对比细节后发现，剧作家阿姆斯特朗（被告所使用剧本的作家）

---

❶ Yuengling, Jr. , v. Schile, 12 F. 97, 99 (1882). 该案件中，被告虽然在原告的彩色石印画基础之上进行了一定的改动，但是法官认为：如果原告的作品是可以被版权保护的，则被告使用与原告大致相同设计的作品即为侵权。

❷ Act of March 4, 1909, §1 (b), 60th Cong. , 2d Sess.

❸ Dam v. Kirk La Shelle Co. , 175 Fed. 902 (2d Cir. 1910).

读过原告的作品，并以该故事为基础创作了戏剧作品。这种对事件的增加或细小变化的改动，不足以逃避侵权指控。❶ 最终，法院认定被告侵犯了原告的戏剧化作品的权利。

在另一起涉及改编作品的著作权纠纷案件中，被告莱姆公司（Kalem Company）被诉侵权。❷ 该案的争议焦点在于：被告使用的哑剧作品是否侵犯了原告戏剧化作品的权利。第二巡回上诉法院在对案件进行审理之后，支持了原告提出的诉讼请求，判决被告侵权成立。被告不服该判决，随即向联邦最高法院上诉。联邦最高法院的霍姆斯大法官（Mr. Justice Holmes），在审理过程中遵循 *Daly* 案的判决，认定被告的行为侵权，并论证哑剧的表演也可成为作品戏剧化的表现。❸ 虽然宪法保护作者排他性的权利是基于其著作和发明，但实际上任何有创造性或美感的劳动果实都可以理解为著作，❹ 这其中也当然包括小说和哑剧。他强调：不仅是语言，行为也可完成对他人作品的戏剧化。因为无论是从法律条款设立之目的考虑，还是从"戏剧"（drama）一词的词源以及用法的角度考察，动作和语言一样，均可创造戏剧。❺ 有人认为，该案的判决将著作权的保护范围扩张到了思想。对此，霍姆斯大法官解释道：出于保护作品之目的，法律赋予作者有限的垄断权利是恰当的。该案判决并没有试图垄断思想，因为表达并非局限于语言和文字，被告的行为确实构成了对原作的表达的侵犯。❻

除了文字作品的改编之外，艺术作品的利用也引发了涉及演

---

❶ Dam v. Kirk La Shelle Co. , 175 Fed. 907（2d Cir. 1910）.
❷ Harper Bros. v. Kalem Co. 169 F. 61（2d Cir. 1909）.
❸ Kalem Co. v. Harper Bros. , 222 U. S. 55（1911）.
❹ Goldstein v. California, 412 U. S. 546, 561（1973）.
❺ Kalem Co. v. Harper Bros. , 222 U. S. 62（1911）.
❻ Kalem Co. v. Harper Bros. , 222 U. S. 63（1911）.

绎作品的纠纷，*Paula* 案❶即为一例。该案的被告是一家制作瓷砖的企业，其将购买而来的原告作品粘贴于自己的瓷砖之上进行销售。原告发现了上述行为，遂向法院起诉。由于当时的法律并没有对艺术品的利用行为进行保护，因此法院分别从复制权和改编权入手对被告的行为进行分析：从复制权的角度出发，被告购买了原告的作品并使用工序进行粘合的行为，并非复制行为；而从改编权的角度出发，被告的行为亦没有改变原艺术品，所以由艺术品贴合而成的瓷砖，也并非为该艺术品的改编作品。据此，法院认定，被告的行为并不侵犯原告的权利。

　　翻译权和改编权的确立，使得人们开始思考：这种权利的扩张究竟是否符合著作权法的基本原则，即只保护表达而不保护思想？在"思想表达两分法"原则的影响之下，许多案件都遵循 *Baker* 案❷的判决，对作品中涉及思想的部分不予保护。❸"思想不能被垄断，否则公众利益将会受损"这一观念，成为著作权法留给人们的最深刻印象。面对上述质疑，法官需充分地论述其裁判逻辑，并证明案件的判决并非为了保护作品的思想。因而，法官们会格外注意对"表达"含义的正确阐述。正如霍姆斯法官所言，表达不仅局限于语言和文字，例如行为、表情等亦可构成表达。深层次的表达，也可以使受众了解到作者的作品。演绎作品案件中的侵权人，往往是通过利用他人作品中的深层表达来侵犯著作权。

　　在演绎作品的限制阶段，法院遵循着如下的审判逻辑：首先，将被诉作品与原作品进行比对。如果两部作品仅存在细微的区别，则推断后一作品可能利用了原作品的表达。在这一环节中，法官不再对作品进行逐字逐句的比对，而是对它们是否实质

---

❶　C. M. Paula Co. v. Logan, 355 F Supp. 189（N. D. Tex. 1973）.

❷　Baker v. Selden, 101 U. S. 99（1879）.

❸　Imperial Homes Corp. v. Lamont, 458 F. 2d 895（5th Cir. 1972）.

性相似进行判断。细微的修改等行为，不能再得到法律的豁免。其次，对相冲突的利益——原作品权利人和演绎人间的利益进行衡量。在利益衡量之时，法院会从原作品权利人的角度出发，充分考虑原作者的创造行为。此时的法院相信：若他人可以任意在原作品基础之上再度创作，则可能会对原创产生不利影响。因而，法律赋予作者排他性的改编权是利于保护创新的。最后，除非演绎人证明其从未接触过原作品，并独立创作了和原作品较为相似的作品，否则由于演绎人未经许可使用原作品的表达，将被判侵权。演绎作品的相关利益，也将被分配给原作品的权利人。虽然这个时期的法律并未全面保护作者的演绎权，许多形式的演绎行为，仍会被认定不侵犯原作者的权利，但是针对文字作品，法院已经通过判例逐步确认，仅对情节或文字进行细微变动的行为，不能再免于侵权处罚。

本阶段中，法院在对作品独创性以及各方利益进行衡量的基础之上，认为演绎行为是一种可能侵犯原作品著作权的行为。这一过程从表面上看，是对演绎行为是否侵犯原作品著作权的判断，实际上，是对作品增值利益分配的安排，即将演绎作品产生的作品增值利益分配给原作品的作者。

三、演绎作品的利益边界

纵观演绎作品的司法保护史不难发现，法院的审理过程总体上分为相似性审查和利益衡量两个部分。在相似性审查部分，虽然经历了逐字对照和实质相似的不同阶段，但本质上都是对作品独创性的考察。因为著作权所保护的作品应当具备独创性，如果被诉作品与原作品并不相似，则该作品可能会因具备独创性而受到法律保护。也就是说，一部演绎作品因为其独创性而获得法律保护，其权利人也因演绎作品的独创性而获得相关利益。如两部作品相似，被诉作品可能缺乏独创性。此时，如果在后的作品利用了他人受保护作品之表达，则会受到法律的苛责。申言之，如果一部作品可能是对他人作品的非法演绎，或者是抄袭，则由该"作品"产生的利益并不能归属于演绎人，而应当归于受保护作品的原权利人。因而，法院对作品的独创性考察随即成为演绎作品增值利益分配的前提。

在利益衡量阶段，不同时期的衡量内容是有所差别的。当法律并未对演绎作品进行保护时，法院更多的是站在演绎人的角度进行思考，即演绎行为具备创造性，理应受到保护。而到了法律限制演绎作品的阶段，法院则更倾向于支持原作品的权利人，即原权利人的利益源于创造，应得到法律保护。结合这两部分的内容可以发现，法院的审判逻辑是建立在"独创性的表达应当予以保护"这一立场之上的。换言之，在演绎作品完全豁免之时，法院支持演绎人的利益，是出于对演绎人创造性的保护，认为演绎人可以凭借其独创性表达而获取相关利益；而在演绎作品受到限制时，法院支持原权利人的利益，则是出于对原作品创造性的保护，即原作品权利人可依靠其独创性获得该作品的增值利益。既然原权利人与演绎人各自的独创性表达，均有受到法律保护的必要，那么二者间的利益边界，自然也可以利用各自的独创性表达予以区分。独创性即成为划分演绎作品增值利益的边界。

综上所述，演绎作品的司法保护史，体现出了法院的审判逻辑。虽然表面上是通过相似性的审查和利益的衡量，对演绎行为是否侵权进行判断，实则是借由侵权行为的判断，对由演绎作品产生的作品增值利益进行分配。尽管分配所依照的标准，即利益衡量时的倾向有所区别，但是，总体而言，在利益衡量前都需要对作品的独创性进行考察。由于原作品和演绎人，均对作品的独创性作出了贡献，因而，要解决可能产生的演绎作品"双重控制"之困境，必须界定二者各自的利益边界。此时，区分主体的独创性，便成为划定演绎作品增值利益分配边界的关键。

第三节　演绎作品增值利益分配的双重考量

演绎作品的利益分配包含两个层次：第一层次为宏观层面上的利益分配，第二层次为微观层面上的利益分配。衡量何种作品可以被认定为演绎作品，而受到法律保护，即是否赋予演绎人以权利来保障相应的利益分配，这是第一层次的利益分配问题。而各主体通过投入要素所产生的演绎作品利益，究竟应当遵循何种原则，在私人主体之间进行分配的问题，便是第二层次的利益分配问题。

一、演绎作品宏观利益分配的考量

演绎作品是基于已有作品进行创造而产生的作品。法律将"基于已有作品"作为演绎作品的构成要件之一进行要求，一方面是希望将演绎作品与原创作品相区别，另一方面也是希望可以据此分配演绎作品产生的利益。美国法院在认定"已有作品"时均认为，"已有作品"应当是正在受美国著作权法保护的作品，或者是已经处于公共领域的作品。

非基于正在受保护作品和公共领域作品而创造出的作品，不可能成为演绎作品的这一规则，在 *Peter Pan* 案❶中得到了法院的认可。在该案件中，法院认为：被告的设计是基于一幅从来没有获得著作权法保护的画而来的，这种情况下无法产生著作权法定义下的演绎作品。该规则不仅在传统著作权领域内得到认可，在涉及电子产品这一新型领域内发生的 *Lewis Galoob Toys，Inc.* 案件❷中，也得到了法院的支持。该案的争议焦点在于：被告的作

---

❶　Peter Pan Fabrics, Inc. v. Rosstex Fabrics, Inc. , 733 F. Supp. 174, 16 U. S. P. Q. 2d（BNA）1631（S. D. N. Y. 1990）.

❷　Lewis Galoob Toys, Inc. v. Nintendo of America, Inc. , 964 F. 2d 965, 22 U. S. P. Q. 2d（BNA）1857（9th Cir. 1992）.

品能否构成原告作品之演绎作品。在案件审理过程中，法院认为：演绎作品必须包含一个已受版权保护作品的一部分来保证版权保护。由于被告作品不符合要求，因而不能被认定为原告作品的演绎作品。在涉及计算机程序是否构成演绎作品的 *Gates Rubber Co.* 案❶中，由于原告的作品尚未发表，也未进行著作权登记，因此法律所规定的演绎作品需基于"已有作品"创作的这一前提是不存在的。法院认为既然原告的作品不是正在受或曾经获得著作权法保护的作品，那么被告的计算机程序并不能成为原告作品的演绎作品。只有基于已有作品的创作才有可能被认定为演绎作品，未经他人许可创作演绎作品才有可能被认定为侵犯作者的演绎权，因而，对演绎作品作出需基于已有作品进行创造的要求，可以说是保障了他人利用未曾受著作权法保护的作品资源进行创作的自由。

尽管法律基于保障公共利益的目的，从独创性到基于已有作品等方面对演绎作品的构成进行了严格的规定，但是保护演绎权还是为他人自由使用和改编作品带来了一定的限制。由于法律的规定，人们必须先得到作者的许可，再进行演绎创造。正因演绎作品是在已有作品（正在受著作权法保护或已经处于公共领域的作品）之上形成的，人们会对演绎作品保护的合理性产生怀疑。特别是对处于公共领域作品基础之上产生的演绎作品进行保护，可能会有危害公共利益之嫌。面对这种疑虑，在司法实践中逐步发展出了针对演绎作品独创性的测试标准，即"超过微小变化"（more than merely trivial）标准以及"实质性区别"（substantially different）标准。

如前文所述，自 19 世纪起美国的司法实践便认为，仅对文字作品进行微小变化而使用的行为是侵权行为。随后，针对演绎作品法院逐步发展出了"超过微小变化"标准。该标准是指演

---

❶　Gates Rubber Co. v. Bando American, Inc., 798 F. Supp. 1499（D. Colo. 1992）.

绎作品与原作品之间，需要存在超过微小变化的区别。❶ 该标准是演绎作品独创性考察的一项客观指标。与"超过微小变化"标准相同，"实质性区别"标准也是对演绎作品独创性考察的一种客观分析方式。该标准起源于 *Gracen* 案，❷ 波斯纳大法官在判决中认为，如果对公共领域的作品进行微小改动后形成的"新作品"可获得版权保护，那么在后的任何模仿原公共领域作品的人均有可能侵犯该"新作品"权利人的权利。因而，确保演绎作品相对于原作品而言具有实质性的不同，方可避免在后的创作人受到不必要的苛责。

从上述内容可以看出，面对公共利益可能受到侵害的情况，法院惯常的做法是通过对独创性认定标准的设定，来影响演绎作品的认定，继而调节演绎人与公共利益间的冲突。除此之外，为了防止演绎作品扩大原作品保护的范围和期限，立法机关在立法时也将演绎作品受法律保护的内容给予了清晰的说明。❸

二、演绎作品微观利益分配的考量

自著作权产生以来，凡谈及作品的保护，国内外学者均无法逃离保护力度强弱之纷争：或加强保护以促进创新，或限制权利以平衡著作权人与社会公众间的利益。❹ 在理论界，对演绎作品的保护态度如同对作品的保护一般，存在两大对立阵营。事实上，作品保护力度的强弱之争，并不是一个简单的非此即彼的矛盾选项。保护著作权之目的并非为巩固权利人对作品的控制，而是将作品产生的利益回报于权利人，以达到著作权法律制度设立

---

❶ L. Batlin & Son, Inc. v. Snyder, 536 F. 2d 486, 189 U. S. P. Q. （BNA） 753 (2d Cir. 1976).

❷ Gracen v. Bradford Exchange, 698 F. 2d 300 (7th Cir. 1983).

❸ 17 U. S. C. § 103 (b).

❹ GOLDSTEIN P. Derivative rights and derivative works in copyright ［J］. Journal Copyright Society of the U. S. A. , 1982 (30)：209.

之初的期许——鼓励创造。正如有学者所言："实现知识产权价值的主要途径并非占有，而是利用。"❶ 演绎作品作为利用已有作品的产物，其创造行为本身就是原作品价值的实现方式，其产生的利益作为原作品的增值利益，理应在原权利人和演绎人之间进行分配。

随着演绎行为的增多，1976 年的美国版权法扩大了早期的立法规则，将"准备演绎作品的权利"附加到所有形式的受保护作品之上。在此之前，伴随着演绎作品的发展和立法的演进，法院对演绎作品的态度，从完全豁免走向了逐渐限制。而在此之后，则迎来了演绎作品的全面保护时代。尽管法律对演绎作品进行了全面的保护，但是法院在分配演绎作品利益时的原则并没有改变，实际上依然遵循以创造要素为核心的利益分配原则。

（一）利益分配核心之创造要素

由于人们欣赏品位和需求的提升，艺术品不仅可以被人们用于装饰性的摆放，还因许多瓷砖制造商的青睐而被加工制作成具有特色的瓷砖。因为瓷砖制造商对原有艺术品的大量使用，在演绎作品保护历史中，便产生了一系列与瓷砖相关的演绎作品纠纷案件。

在上述演绎作品受到全面保护之前发生的 *Paula* 案中，法官认为：被告将购买自原告的作品粘贴到其瓷砖上进行售卖的行为，并没有侵犯原告的权利。❷ 而此种利用已有艺术作品制作新产品的行为，在 1988 年发生的 *Mirage* 案中，却被法院裁决侵犯了原作品的演绎权。❸ 在该案审理过程中，被告辩称：将原告受版权保护的照片镶于瓷砖内，就如同为油画加框一般，只是艺术

---

❶　彭学龙. 知识产权：自然权利亦或法定之权［J］. 电子知识产权，2007（8）.

❷　C. M. Paula Co. v. Logan，355 F Supp. 189（N. D. Tex. 1973）.

❸　Mirage Editions，Inc. v. Albuquerque A. R. T. Co.，856 F. 2d 1341（9th Cir. 1988）.

品展示方式上的变化，并非对演绎权的侵犯。但是，审理该案的第九巡回上诉法院却认为：瓷砖的艺术品装裱和为油画加框这两种行为，从形式到功能上均有所不同。加框是一种简单的行为，而将艺术品嵌于瓷砖之中却并非人人可为。这一行为的结果，使得原告作品有了新的用途，因此被告的瓷砖是原告作品的演绎作品。最终，法院认定被告的行为侵犯了原告的演绎权。无独有偶，在与上述案件类似的又一瓷砖侵权纠纷，即 Munoz 案❶中，美国联邦第九巡回上诉法院也认为：将卡片永久粘贴于瓷砖中的行为以及最终造成原作品被用于其他目的之事实，构成了版权法对演绎作品定义中的"重铸"行为，因而判决被告侵权。

然而，美国联邦第七巡回上诉法院于 1997 年在面对相似案情的 Lee 案❷时，却作出了与美国联邦第九巡回上诉法院审理的上述案件截然不同的判决。在该案中法院认为：永久性的安装行为与案件的定性并不相关，由于被告没有对原作品本身进行改变，而是仅对该作品的展示方式进行了改变，因而此种行为并不能产生演绎作品，即被告生产的瓷砖并非原告作品的演绎作品。法院还特别指出，被告产品是否具备独创性才是案件中被告是否侵权的关键。显然，美国联邦第七巡回上诉法院通过对该案的判决，否认了第九巡回上诉法院之前的审判理念，并认为：原作品是否永久被固定于新产品中并非关键，新作品的独创性才是其能否构成演绎作品的重要评判标准。

演绎作品利益边界的确定，为研究演绎作品的增值利益分配打下了基础。创造要素作为保护作品的重要原因，在法律中体现为受法律保护的作品必须具备独创性。可以说，创造是演绎作品能否受到法律保护的最重要因素，也是权利人合法获取相应利益的原因。美国联邦第九巡回上诉法院在审判中，始终将作品永久

---

❶　Munoz v. Albuquerque A. R. T. Co. , 38 F. 3d 1218 (9th Cir. 1994).

❷　Lee v. A. R. T. Co. , 125 F. 3d 580 (7th Cir. 1997).

固定于瓷砖的行为认定为著作权法中的重铸行为。而在 Lee 案中，美国联邦第七巡回上诉法院却认为，展示方式的改变并未对原作品构成本质上的重铸。从前文的分析可以得知，尽管不同时期或不同的法院对演绎作品的独创性要求有所不同，但创造要素从来都是构成演绎作品不可或缺的因素。因而，在演绎作品的增值利益分配过程中，应当以创造要素为核心对主体的要素投入进行考量，最为重要的是对不同主体的创造要素进行衡量。

创造要素的重要性还体现在，如果简单的机械转换或非实质上的变化即可产生演绎作品，那么任何人对原作品进行无论多么小的改变都需要经过作者的授权，这显然是不现实的。若他人对作品进行任何细微变化均可能构成侵权，那么作者对作品的控制力也会产生泛化的风险。当然，不可否认的是，创造要素产生于作者的创作过程，没有作者何谈创造，因而对创造要素的保护实际上也是对作者权利的保护。总之，以创造要素为核心，对演绎作品的增值利益进行分配是必要的，也符合著作权法对分配公平的追求。

（二）利益分配衡量之其他要素

演绎作品与原作品相同，都因创造要素的存在而受到法律的保护。一部作品的形成，需要很多权利主体进行各项要素的投入，其中最主要要素即为作者的创造要素。除了创造要素之外，资本的投入、对作品宣传和管理的要素均是法律对作品增值利益进行分配之时需要考虑的因素。

在 Sheldon 案❶中，被告拍摄的电影《莱蒂·林顿》（Letty Lynton）是根据著名案件——"马德琳·史密斯谋杀情人案"的素材以及原告谢尔顿（Sheldon）创作的戏剧《丧失名誉的女士》（Dishonored Lady）的部分内容创作而成的。尽管被告坚持自己的作品和原告一样，均是基于真实案件进行的创作，但经过法庭

---

❶　Sheldon v. Metro – Goldwyn Pictures Corporation. 309 U. S. 390 （1940）.

的对比，其作品之中确实利用了原告作品的表达。在案件的审理过程中，关于被告未经原告同意使用原告作品内容是侵权行为这一点，双方争议不大。而该案争议较大之处在于，是否同意原告的诉讼请求——将被告作品的全部利润作为其侵权获利向原告进行赔偿。美国联邦地区法院以及美国联邦第二巡回上诉法院均认为：尽管未经同意将他人戏剧改编成电影的行为是侵权行为，但是一部电影所产生的利益不能完全归功于剧本。美国联邦最高法院对此也表示赞同，并指出电影的利润除了剧本之外，还要归功于演员、制片人等对该电影所作的贡献，因而将电影产生利润全部赔付给原告是不公平的。❶

在一般情况下，电影作品相对于文字作品而言，的确需要更多的资本和宣传管理等要素的投入。虽然著作权的立法中仅对创造性要素有所关注，但上述要素依然构成演绎作品利益分配的重要依据。法官在对演绎作品产生的利益进行分配时，对创造要素之外的其他因素也进行了充分的考虑。

总之，演绎作品的利益不是凭空而来的，其构成离不开各主体的要素投入。每个人都应按照自己的贡献获得相应的财富。❷作品增值利益分配的基本原则，是按照主体投入要素的贡献进行分配的，因而演绎作品产生的利益也应当由对其有贡献的人所有。由于知识的公共性，公共利益也成为演绎作品利益分配不可忽略的一个因素。对公共利益的考量主要体现在，是否认定一个作品为演绎作品而给予保护，从广义上来说，这也是利益分配的一个方面。而从狭义上讲，演绎作品的增值利益，应当在投入各要素的主体之间，按照要素的贡献进行分配。首先，演绎作品建立在作者的创造性劳动之上，没有创造便不存在受法律保护的作

---

❶ Sheldon v. Metro - Goldwyn Pictures Corporation. 407 U. S. 390（1940）.

❷ 克拉克. 财富的分配［M］. 陈福生，陈振骅，译. 北京：商务印书馆，2009：1.

品。可以说，创造要素是演绎作品利益分配中应当首要考察的对象。对于不同主体的创造要素贡献进行区分，是演绎作品增值利益分配的关键。其次，有的演绎作品还涉及资本、管理等要素的投入，对于这些要素的投入，在司法实践中已经开始受到尊重了。

三、演绎作品增值利益分配的立法建议

前文理论分析，已经为我们建立起了演绎作品增值利益要素分配理论的总体性构想——按照主体的要素贡献对增值利益进行分配。由于创造要素在其中起到了关键性的作用，创造要素的投入主体——作者的利益分配就显得十分重要。对作品和作者的保护，向来是著作权法的应有之义。现阶段，正值我国《著作权法》第三次修订之际，因而有必要依据前文提出的要素贡献分配理论，针对演绎作品的利益分配问题，为我国《著作权法》的修订提出如下四点建议：

（一）明确规定"演绎作品"这一作品类别

依前文所述，演绎作品具备保护的必要性和特殊性，在我国也存在立法基础。如果不对其进行单独规定，在此处留下立法空白，将不利于演绎作品及其相关利益的保护。因此，理应在我国《著作权法》当中明确演绎作品这一特殊的作品类别。

（二）采取较为开放的立法保护模式

仅将演绎作品作为一种独立的作品类别进行保护还远远不够。例如美国，就是在总结大量司法案例的基础之上，形成了现如今的演绎作品保护模式。由于我国的知识产权法遵循法定主义，如果对于演绎作品的保护规定过于狭窄，可能导致新出现的演绎作品类型不能很好地被《著作权法》所保护。因而在对演绎作品进行立法保护时，不妨尝试借鉴美国的著作权法，采取较为开放的"抽象概括＋具体列举"的立法模式。即将现有的演绎行为（如改编、翻译等行为）进行列举，并将演绎作品的特

征加以概括，可以将其规定为："演绎作品是在已有作品之上，投入新的创造要素而形成的作品，例如改编作品、翻译作品等。"这样一来，便于在知识产权法定主义的我国，对演绎作品进行更为灵活的保护，并可以在具体的司法实践中，通过经验的总结不断地丰富和完善法律对演绎作品的保护。

（三）明确作者的地位

创造要素在演绎作品利益的要素分配之中占有重要的地位。然而，我国现行《著作权法》中，仅在第 11 条的著作权归属中提及"创作作品的公民是作者"，并规定"法人或其他组织视为作者"，此种法律规定是对创作和作者概念的曲解。作者是作品的创造者，其地位并非在著作权人之下，我国《著作权法》应当在总则部分对作者的概念予以明确规定。❶ 这样一来，可为原作品作者和演绎者参与演绎作品增值利益的分配提供机会和保障。

（四）赋予原作者获取演绎作品后续利益的权利

对演绎作品进行规定，可以保障演绎人对演绎作品享有权利。对作者概念的规定，可以确保创造要素投入成为作者身份的唯一来源。然而，由于演绎作品的权利掌控在演绎人的手中，这两种规定只能保障演绎人获得演绎作品产生的利益。尽管演绎权的存在，使得演绎人需事先征得作者同意，方可对作品进行演绎，演绎人会向作者支付相应的对价，但是，该对价仅为演绎人对原作品进行演绎使用的费用。原作品的作者，唯有通过法律赋予其相应利益的获酬权，方可真正地参与到作品增值利益的分配当中。

综上所述，演绎作品的增值利益分配问题，是一个较为复杂的问题。其中不仅涉及利益的重合与纠纷，更关乎法律制度的保障与分配原则的建立。按照要素贡献对演绎作品的增值利益进行

---

❶ 作者的概念界定，详见本书第四章内容。

分配，是一种可行且公平的分配方式。此时，创造要素在演绎作品的利益分配之中更是扮演着不可或缺的重要角色。因而，在我国《著作权法》之中，应当对演绎作品进行确认，并充分保护作者的创造要素投入。

本章小结

创造是人类的天性，也是人类社会发展的动力。演绎作品源于已有作品和人类的创造性活动，所产生的利益相对于原作品而言，是一种增值利益。在技术和市场的双重推动下，演绎作品因存在特殊的价值——独创性表达，而冲破重重阻碍，相继被世界上许多国家的法律所保护。

法律对演绎作品的保护，经历了从复制到演绎的转化。论其保护初衷，实际上是希望通过调节蕴含于演绎作品中的利益冲突，来达到对作品增值利益进行分配的目的。著作权法的产生源于作品的利益之争，法律对演绎作品进行保护源于演绎人的创造，同时也源于不同主体对作品增值利益的激烈争夺。可以说，当今世界各国对演绎作品保护的不同模式——"开放式"或"封闭式"的选择，均是一国立法机关在保护作品独创性时，依据该国的实际情况，对各种利益冲突进行衡量后的结果。与此同时，也体现出了立法者对演绎作品的增值利益分配观——兼顾原作者与演绎人的利益。

演绎作品的司法保护，经历了对演绎作品的豁免和限制阶段。在不同的阶段内，由于受到立法内容的限制，法院对演绎作品的认定及产生的增值利益分配难题——是否应当在原作者和演绎人间进行利益分配以及如何分配的问题，进行了不断的探索。在面对上述问题时，法院在审理过程中往往采取两个步骤，即相似性审查和利益衡量。尽管不同时期法院对待演绎作品的态度有所差别，但在对演绎作品产生的利益冲突进行衡量之时，法院的审判逻辑均是建立在"独创性的表达应当予以保护"这一立场之上的。对司法保护演绎作品的案例进行分析，为我们清晰地展现了增值利益的分配逻辑。同时，也使我们认识到独创性是划分作品增值利益的边界。

在了解法律对演绎作品保护的初衷，以及蕴藏于其中的利益分配逻辑的基础之上，笔者对如何通过演绎作品的利益分配调节作品增值利益的这一问题，进行了研究。在演绎作品利益分配中，公共利益是宏观层次的利益分配所需考虑的重要因素。而在微观层面上，既然演绎作品的增值利益产生于不同主体的要素（如创造和资本等）投入，那么对要素的考察就变得十分地重要。其中，由于创造要素不仅是法律保护演绎作品的根源，更是演绎作品利益划分的边界，因而不同主体的创造要素，便成为演绎作品增值利益分配的核心依据。最终，在演绎作品增值利益分配原则——按主体投入的要素贡献进行分配原则的指引下，针对演绎作品产生的作品利益分配问题，提出了具体的法律建议：明确规定"演绎作品"这一作品类别；采取较为开放的立法保护模式；明确作者的含义；赋予原作者获取演绎作品后续利益的权利。

综上所述，法律对演绎作品进行从无到有的保护，一方面体现出了法律对技术和市场变化的反映，另一方面也体现出法律对作品增值利益分配矛盾的解决思路。演绎作品的利益是原作品的增值利益，是由各主体投入的要素而构成的。立法和司法实践为演绎作品的利益分配作出了预判和调整。面对已经出现的，以及随着技术发展即将出现的大量演绎作品，我们应当坚持按照主体对演绎作品的要素贡献，进行利益的分配。在分配由演绎作品产生的作品增值利益时，应当将创造要素作为分配的核心要素予以考察。只有这样，方可保障作品增值利益分配能够公平、有效地进行。

第四章　视听作品增值利益的法律分配

前文主要针对作品增值利益三种类型之一，即作品内容变化产生的增值利益分配问题，进行了论述。明确在作品增值利益分配原则指引下，如何分配由内容产生的作品增值利益。而本章，则将研究转向由作品传播方式发生改变，产生增值利益的分配问题。此种类型的作品增值利益分配，以视听作品的二次获酬问题最为典型。因而，本章将以视听作品的二次获酬权为视角，探讨作品传播方式改变产生增值利益的要素贡献分配方式。

众所周知，著作权的产生与技术的发展不可分离。正如保罗·戈斯汀所言："著作权从一开始就是技术之子。"[1] 事实上，技术在催生出著作权之后，又通过推动作品更为广泛的传播，继续影响着著作权的演变。法律对视听作品的保护过程，也印证了这一规律。从电影放映到电视剧的播出再到体育赛事直播，视听作品正越来越多地融入人们生活之中，并极大地激励着娱乐、体育等社会文化事业的发展。对于视听作品的权利人而言，正是传播技术的进步，为视听作品带来了前所未有的增值。然而，事物往往具有双面性。视听作品的繁荣景象给人们带来的喜悦，很快就被随之而来的增值利益分配困扰所取代。近年来发生的诸如体育赛事直播的性质之争、视频播放软件的广告屏蔽事件等，无不反映出视听作品增值利益分配的矛盾。因而，对视听作品增值利益的分配问题进行研究，具有十分重要的理论意义和现实意义。

我国学者已经注意到视听作品构成的复杂性，并分别从视听

---

[1]　戈斯汀. 著作权之道：从古登堡到数字点播机 [M]. 金海军，译. 北京：北京大学出版社，2008：22.

作品的认定、权利归属以及法律保护等角度对其本体性问题进行
了研究。❶ 不仅如此，学者们还借助《著作权法》第三次修订的
契机，对视听作品的二次获酬权进行了理论分析。❷ 其中，视听
作品的作者及其他权利人构成的权利主体，成为学者们关注的焦
点，并据此对视听作品的利益分配问题进行了探讨。❸ 国外学者
的研究，则主要集中于视听作品的侵权案件、国际保护以及法律
对视听作品涉及的行业以及市场所造成的影响等方面。❹ 国内外
学者对视听作品的研究成果，为我们深入研究视听作品的法律问
题提供了一定的线索和帮助。然而，视听作品的利益分配矛盾不
仅继续存在，而且还随着视听作品的增值而愈发激化，这从一个
侧面也体现出现有理论研究的不足之处。视听作品增值利益分配
矛盾的根源究竟为何？在技术飞速发展的今天，作品的增值利益

❶ 曲三强. 论影视作品的著作权 [J]. 中外法学，2006（2）；孙国瑞，刘玉
芳，孟霞. 视听作品的著作权保护研究 [J]. 知识产权，2011（10）；赵玉忠. 视听
作品著作权属、权项及保护期限的立法思考 [J]. 重庆理工大学学报（社会科学），
2012（9）；张春艳. 我国视听作品著作权归属模式之剖析与选择 [J]. 知识产权，
2015（7）.

❷ 宋海燕. 论中国版权法修改稿中涉及视听作品的"二次获酬权" [J]. 中国
专利与商标，2012（4）；周园，邓宏光. 论视听作品作者的利益分享权：以《中华
人民共和国著作权法》第三次修订为中心 [J]. 法商研究，2013（3）；顾明霞. 论
视听作品的"二次获酬权"：兼评《著作权法修改草案（送审稿）》相关规定 [J].
法制博览，2016（13）.

❸ 张春艳. 视听作品著作权研究：以参与利益分配的主体为视角 [D]. 重庆：
西南政法大学，2014.

❹ BERMAN B，JOEL E. Boxer，copyright infringement of audiovisual works and
characters [J]. Southern California Law Review，1979（52）：315. LEBLANC M
M. International audiovisual law – case studies [J]. International Business Lawyer，1994
（22）：472. BOLITHO Z C. When fantasy meets the courtroom：an examination of the Intel-
lectual property issues surrounding the burgeoning fantasy sports industry [J]. Ohio State
Law Journal，2006（67）：911. BROWN A W. Pleading in technicolor：when can litigants
incorporate audiovisual works into their complaints? [J]. The University of Chicago Law Re-
view，2013（80）：1269.

分配应当遵循怎样的原则进行？这些都是理论中尚未解决的，同时也是亟须厘清的关键问题。

本章将从视听作品的利益构成以及传播增值入手，对不同传播方式获得的增值利益及构成要素进行研究。在此基础之上，将增值利益贡献中起到最主要作用的创造及资本要素，与实践中的案例相结合进行分析，以明确法律对其应有的态度。最终，在按要素贡献的基本分配原则指引下，构建分配视听作品增值利益的二次获酬制度。

第一节　视听作品的传播增值

视听作品往往可以通过不同方式的传播而产生增值利益。传播使得作品增值，是视听作品权利主体喜闻乐见的。然而，传播的过程中，往往会产生另一番景象。例如，第三方的侵权传播行为会引发增值利益分配纠纷。除此之外，即使作品传播过程中并没有遇到侵权的困扰，增值利益分配问题依然会存在于众多的权利主体之间。这一现象在令人困惑的同时不禁发人深思：视听作品的增值利益分配矛盾产生的原因究竟为何？弄清这一问题的最佳方式是从根源入手，对视听作品及其法律保护的本质进行分析，即法律对视听作品保护的初衷为何，视听作品增值利益又是如何产生的。

一、视听作品的利益保护

"视听作品"这一作品类别，并非从开始即存在于著作权法之中。我国现行《著作权法》并未包含"视听作品"这一术语，与其最为接近的内容是"电影作品和以类似摄制电影的方法创作的作品"。在《著作权法》的第三次修订过程中，"视听作品"

这一概念被广泛提及。❶ 关于视听作品的概念，学界虽存有争议，但对其所指代的内容为传统的"电影作品和以类似摄制电影的方法创作的作品"这一观点基本认同。实际上，在世界范围内，"视听作品"作为一个法学术语早已出现。1976 年的美国版权法开篇就对"视听作品"（Audiovisual works）进行了解释，❷法国知识产权法典还专门对视听作品制作合同进行了规定。❸ 不仅如此，1976 年的《关于发展中国家著作权的突尼斯示范法》，以及 1989 年世界知识产权组织（WIPO）的一个程序性条约《视听作品国际注册条约》之中也都使用了"视听作品"这一专业术语。

从利用"视听作品"取代"电影作品和以类似摄制电影的方法创作的作品"的表述可以看出，电影作品为视听作品的前身，视听作品包括但不限于电影作品。除了电影作品之外，视听作品还包含其他"类似摄制电影的方法创作的作品"。在美国版权法中，视听作品被定义为：由一系列有关的影像所组成的作品，目的是通过使用机器或装置（例如放映机、观察器或电子设备）将其连同声音（如果伴有）一起放映，不论体现这类作品的载体（例如影片或磁带）性质如何。❹ 从这一概念我们可以清楚地了解到，影像是组成视听作品的核心内容，声音只是可能伴有。换言之，视听作品应当是基于影像的作品，纯声音作品不应

---

❶ 参见国家版权局 2012 年 11 月公布的《著作权法（修订草案送审稿）》。

❷ 17 U. S. C. § 101.

❸ 法国知识产权法典 L. 132 – 23 – L. 132 – 30 条。

❹ 17 U. S. C. § 101. "Audiovisual works" are works that consist of a series of related images which are intrinsically intended to be shown by the use of machines, or devices such as projectors, viewers, or electronic equipment, together with accompanying sounds, if any, regardless of the nature of the material objects, such as films or tapes, in which the works are embodied.

当被视为视听作品❶。因而，在美国，电视台的新闻节目即为视听作品，❷底层程序不受版权法保护的视频游戏也符合视听作品的定义而受到法律保护。❸可见，从广义上讲，视听作品的范围应当包含电影、电视节目、视频等以影像为基础的作品。

视听作品所包含的核心内容是电影作品。电影作品相对于静态图片而言是动态的影像，首部动态影像是埃德沃德·迈布里奇（Eadweard Muybridge）在 1878 年时使用多部相机拍摄的《奔跑中的马》（*The Horse In Motion*）。而世界上首部受著作权法保护的电影作品，是 1893 年由托马斯·爱迪生（Thomas Edison）的黑玛丽屋顶摄影棚（Black Maria rooftop studio）摄制的影片《弗雷德·奥特的喷嚏》（*Fred Ott's Sneeze*），该影片于 1894 年 1 月 7 日获得了版权保护。到了 1895 年，奥古斯特和路易斯·卢米埃（Auguste and Louis Lumiere）兄弟在巴黎卡布辛路的"大咖啡馆"里进行了包括《工厂大门》（*Workers Leaving the Lumiere Factory*）（卢米埃兄弟摄制的第一部短片）等多部短片在内的首次公映，标志着世界电影的最终诞生。❹

起初对于人们而言，电影只是一种娱乐形式，相比于艺术性，其娱乐性往往更受关注。由于电影在其产生初期以纪实电影为主要题材，加之需要依靠机械设备进行放映，所以其一度被视

---

❶ Lulirama Ltd. , Inc. v. Axcess Broadcast Services, Inc. , C. A. 5（Tex. ）1997, 128 F. 3d 872, 44 U. S. P. Q. 2d 1731.

❷ WGN Continental Broadcasting Co. v. United Video, Inc. , C. A. 7（Ill. ）1982, 693 F. 2d 622, 216 U. S. P. Q. 97, 217 U. S. P. Q. 151.

❸ Stern Electronics, Inc. v. Kaufman, E. D. N. Y. 1981, 523 F. Supp. 635, 213 U. S. P. Q. 75, affirmed 669 F. 2d 852, 213 U. S. P. Q. 443. Red Baron - Franklin Park, Inc. v. Taito Corp. , C. A. 4（Va. ）1989, 883 F. 2d 275, 11 U. S. P. Q. 2d 1548.

❹ 峻冰. 电影的形成时期（1895—1927）：世界电影史第一分期回顾［J］. 西南民族大学学报（人文社科版），2007（5）.

为应当寻求专利而非著作权保护的新事物。❶ 早期的著作权法对电影作品的保护，往往是以照片作品的保护为依托的。❷ 因为法院并不能随心所欲将新艺术形式产生的作品解释为法律规定的可版权作品。❸ 由于电影与照片一样，均使用机械手段获取图像，所以只得比照已受著作权保护的照片获得法律保护。例如在爱迪生诉鲁宾（*Edison v. Lubin*）的案件中，美国联邦第三巡回上诉法院的约瑟夫法官，在审理该案时就认为电影仅发展了照片，其与照片在本质上没有什么区别。❹

随着电影作品的大量出现，逐步强大的美国电影工业，不甘于被动地接受法律保护，于是不断主动地寻求法律救济。然而，在以往的案件中，法官会遵循包括 *Trade - Mark* 案在内的一系列判决，认定商业产品无论是否具有艺术性都不受著作权法的保护。❺ 电影作品无疑是具有商业性的，想获得法律保护，就一定要改变这一观念。在 *Bleistein V. Donaldson Lithorgraphing Co.* 案之后，这种商业产品不受保护的观念才有所改变。该案件是霍姆斯大法官（Mr. Justice Holmes）在最高院判决的第一起著作权案件，他指出，不能因为作品的实际用途是商业性的就抹杀其艺术性，作品依然是作品。❻ 可是即便如此，电影以照片作品的形式而获得著作权法保护的情况仍然持续了一段时间。

使这一情况发生改变的，是霍姆斯大法官做出的另一具有开

---

❶ 张春艳. 视听作品著作权研究：以参与利益分配的主体为视角 [D]. 重庆：西南政法大学，2014.

❷ 1865 年的美国版权法修正案确定了照片可以作为版权法的客体。Act of March 3, 1865, 38th Cong., 2d Sess., 16 Stat. 198.

❸ MEAGHER WH. Copyright Problems Presented by a New Art [J]. New Your University Law Review, 1985（30）：1081，1082.

❹ Edison v. Lubin, 122 F. 240（3d Cir. 1903）.

❺ 戈斯汀. 著作权之道：从古登堡到数字点播机 [M]. 金海军，译. 北京：北京大学出版社，2008：50.

❻ Bleistein v. Donaldson Lithorgraphing Co., 188 U. S. 239（1903）.

创性的判决。当电影公司忙于对著名文学作品进行改编的时候，谁都没有想到自己的电影会侵犯原作者的权利。因为在大家看来，电影的影像表达形式，明显不同于原著的文字表达。然而，霍姆斯大法官在著名的"宾虚传"一案的判决中指出：电影无非就是比镜子上的图像稍显生动而已。❶ 他认为哑剧也可以成为文字作品的戏剧化作品，因为不仅是语言，行为也可完成对他人作品的戏剧化，所以电影公司的改编行为侵犯了原著的作品戏剧化权利。

在当时，美国的电影作品已经开始成为一种商业价值巨大的商品。由于将文学作品搬上荧幕的行为时有发生，上述判决直接影响了电影行业的走向。电影制作公司终于认清需要著作权法明确保护电影作品的重要性，为了保护电影作品产生的利益，电影行业开始努力地向国会进行游说。最终，1912 年的美国版权法修正案，明确规定了电影为一个独立的作品类别受法律保护。❷国会对此修正案的报告中也指出，保护电影投资者和电影作品产生的利益是该修正案的唯一目的。❸ 同样属于英美法系的英国，以及属于大陆法系的法国和德国，它们的著作权法对电影作品的保护，也经历了从不保护，到以照片形式保护，再到单独作为一种作品类型予以保护的过程。❹

视听作品这一概念如同其所包含的电影作品一样，都是随着技术的发展以及相关利益的产生而逐步获得了著作权法的保护。"视听作品"作为一个替代"电影作品和以类似摄制电影的方法创作的作品"的概念，可以说更具有灵活性，也更符合立法语言的精简要求。

---

❶　Harper Bros. v. Kalem Co. 169 F. 61（2d Cir. 1909）.

❷　Act of August 24, 1912, Pub. L. No. 62 – 303, 62d Cong., 2d Sess., 37 Stat. 488.

❸　H. R. Rep. No. 756, 62d Cong., 2d Sess. 1（1912）.

❹　刘菲菲. 电影产业版权制度比较研究［D］. 武汉：武汉大学，2010.

二、视听作品的增值要素

视听作品具有两个最为主要的特点：第一，权利主体十分复杂。第二，传播方式极为丰富。以文字作品为例进行比较，文字作品的原始权利人一般为作者，如果是合作作品，则作者为参与合作的全体人员，常见的文字作品合作作者一般仅有很少的人数（常为两到三人）。视听作品的作者不仅种类很多，包括但不限于编剧、导演、配乐的词曲作家等，而且如果其中还涉及合作作者，则作者数量更是超出文字作品很多。不仅如此，一般的文字作品通过出版发行得以问世，传播途径相对单一，纸质发行以及电子版阅读为其最为常见的传播方式。而视听作品可以通过现场公开放映、电视直播、转播，以及互联网点播等多种途径进行传播。因而，相较作品的作者以及出版商等权利人而言，视听作品的利益链参与者更为多样和复杂。

法律对视听作品的保护，源于其产生的利益。而视听作品的利益，则源于许多主体的共同努力。以电影作品为例，一部电影的制作，需要经历如下五个阶段：第一阶段，为剧本的创作阶段。剧本有时是基于电影创意形成的一个脚本而逐步完善而成的，有时是针对小说等已经存在的作品改编而成的。剧本经过不断地修改完善之后，便开启了电影作品的制作大门。在剧本所有人通过寻找并最终确定投资人之后，电影的制作进入了第二阶段。第二阶段，为电影的前期制作阶段。在这一阶段中，制订电影拍摄计划以及对电影拍摄预算进行预估是十分重要的。在此基础之上，制片人（投资作品并承担风险的人）便开始雇佣导演、作曲家、摄影指导、艺术指导等人员，并按照剧本需求对电影的内外景拍摄场地和演员等进行选择和安排。第三阶段，为电影的拍摄阶段。此阶段中，在导演的统筹下，整个电影制作团队按照剧本的内容以及之前的拍摄计划对电影进行拍摄。第四阶段，为电影的后期制作阶段。主要是由专业人员按照导演的要求，对拍摄内容的图像及声音效果进行剪接和编辑、混音以及调色等一系列最后的加工。第五阶段，也是最后一个阶段，即电影的发行阶段。在这一阶段电影被最终放映，并以不同的格式进行发行。在该阶段，电影宣传的重要性得以体现。实际上，电影的宣传有时从剧本创作时起就开始了。除此之外，制片人往往还会担任起销售员的角色，寻求发行方的合作。❶

　　视听作品的增值方式主要有：第一，改变作品内容使其增值。典型的例证是演绎作品，相对于原作品而言，演绎作品所获利益为增值利益。第二，改变作品传播方式的增值。相对于视听作品原有的传播方式，新的传播方式产生的利益即为视听作品的增值利益。当然，二者相结合也可产生作品的增值利益。最为典型的例子是：将电影改编成电视剧或游戏进行不同方式的传播产生增值利益，这也是当今在我国娱乐行业最为流行的开发模式。技术的进步使得视听作品获得了前所未有的广泛传播，传播作为作品增值的主要方式之一，在视听作品的增值中起到了极为关键的作用。以电影作品为例，电影作品的传统收入来源是院线上映时影院的票房收益。而现在，电视直播、转播以及网络点播等形式，极大地丰富了影视作品的传播方式，也使得电影行业成为当今最热门的行业之一。可见，传播方式多样化的重要性。

　　国外学者已经注意到了传播方式多样化的重要性。例如，已有学者指出收入流多样化（revenue stream diversity）的重要性：多样化不仅可以产生更多的收入，更为重要的是，可以增加创作者的获利选择，进而提升版权所有人在商业谈判中的地位。❷ 收

---

❶　WILSON J. Special effects of unions in hollywood [J]. Loyola of Los Angeles Law Review, 1992 (12): 403, 407 - 411.

❷　在北京召开的"中美著作权最新进展研讨会"上，来自俄勒冈大学法学院的厄里克·普雷斯特（Eric Priest）提出收入流多样化的重要性。该会议于 2016 年 7 月 20 日，由中国知识产权法学研究会、中国人民大学法学院、中国人民大学知识产权学院和美国专利商标局联合主办。

入流多样化的实现，依靠的就是传播方式的多样化，这与我国娱乐产业提出的"泛娱乐化"概念有异曲同工之处。"泛娱乐化"是指将核心作品通过上游的孵化、中游的运营以及下游的变现等，进行一系列的深入开发和运用。例如，在针对一部知名的魔幻题材电影进行开发时，可以在上游的孵化层，通过同名小说来培养粉丝。在中游的运营层，通过明星对电影进行宣传或凭借网络首发的付费观看等制造话题效应。在下游的变现层，通过改编游戏或售卖衍生品来获得粉丝经济的回报。总之，通过不断地传播，可以更好实现对视听作品的全面开发利用和增值。

纵观视听作品保护的立法史不难发现，法律保护视听作品的初衷是其产生的利益，并且在利益产生之初并没有主动对其进行保护，直到视听作品的利益分配出现问题时，相关主体才开始推动司法及立法进程。当传播使视听作品不断增值时，增值利益分配的矛盾加剧。视听作品的增值利益是内外因相结合的产物，内因是主体的要素投入，外因则是传播方式的多样化。在多种传播方式下，各主体如果不能根据其所投入的要素，公平地参与增值利益的分配，则必然会产生增值利益分配的矛盾。此时，衡量不同传播方式中的要素贡献，便成为视听作品增值利益分配的关键问题。

第二节　视听作品增值利益中的要素贡献

视听作品的自身特征，决定了其利益链上会存在较多主体，当增值利益产生时，众多主体的参与便会极大增加利益分配的不确定性以及难度。如何寻求利益分配的公平，是法律人应当予以关注的。视听作品利益的产生过程，则为解决这一问题提供了答案。如前文所述，视听作品的增值利益产生于主体的要素投入，以及传播方式的多样化这一组内外因相结合的过程中。因而，在传播多样化的过程中，通过对主体的要素投入进行衡量，按照要素的贡献对视听作品的增值利益进行分配，使投入者公平地获取报酬，方可避免引发增值利益的分配矛盾。然而，对视听作品的要素贡献进行衡量，并非易事。因为视听作品利益链中存在众多的参与主体，并且增值利益的构成要素较为抽象，所以难以对具体的要素贡献进行精确的量化。但是，这并不影响对视听作品利益产生的要素贡献进行理论上的分析，以及方向上的把控。申言之，对视听作品增值利益的要素贡献进行衡量，可以明确何种要素应当按照怎样的方式参与分配，以便为后续建立公平的增值利益分配模式研究奠定基础。

一、创造要素的贡献衡量

作品的独创性认定，是司法实践中最常遇到，同时也是最难以判定的问题。因为在著作权法理论中，向来以"思想表达二分法"为原则对作品的内容进行区分，而这一原则本身却太过模糊，直接导致了实践中很难将思想与表达相剥离。再加之独创性作为一种较为主观的判定，缺乏统一的客观标准和"度量"，因而对作品表达的独创性认定就变得难上加难。

以体育赛事直播的增值利益分配为例，近年来关于体育赛事直播涉及的著作权法问题在理论界及实务界引发了广泛的争论。其争论的焦点主要集中于：体育赛事直播是作品还是制品，即体育赛事直播是否属于视听作品，其权利应当归属何方。有的学者认为：体育赛事节目是视听作品，因为体育赛事节目是创作的成果，从作品的本质角度讲，一旦满足原创性要求即可获得版权保护。❶ 有的学者认为：应当依照个案的情况进行具体分析，以确定权利内容及其归属，不能简单地类型化。并且应当通过放宽视听作品的定位，将具有一定独创性的体育赛事作品认定为视听作

---

❶ 卢海君. 论体育赛事节目的著作权法地位［J］. 社会科学，2015（2）.

品。❶ 还有的学者认为：现场直播的体育赛事画面独创性有限，不应作为作品，应当通过完善广播组织权对其进行保护。❷ 针对体育赛事直播，无论是对权利人还是对权利属性的质疑，从本质上讲均为视听作品增值利益分配矛盾的体现。因为对于体育赛事而言，比赛现场的门票收入是赛事主办方的传统收入来源。随着传播技术的发展，电视直播（包含转播）为体育赛事主办方带来了很好的宣传和更多的收益。❸ 如今，网络直播（包含转播）更是在电视直播的基础之上成为新兴的另一通过传播而使体育赛事增值的方式。❹

以我国的体育赛事直播为例，过去我国一直由中央电视台（以下简称"央视"）独揽大型比赛的转播权。❺ 国务院于 2014 年 10 月印发了《关于加快发展体育产业促进体育消费的若干意见》（以下简称《发展体育产业意见》），其中明确要大力吸引社

---

❶ 丛立先. 体育赛事直播节目的版权问题析论 [J]. 中国版权, 2015 (4).

❷ 王迁. 论体育赛事现场直播画面的著作权保护：兼评"凤凰网赛事转播案" [J]. 法律科学（西北政法大学学报）, 2016 (1).

❸ 2015 赛季中国足球超级联赛（以下简称"中超联赛"）共有 533 万人到场观赛，电视转播累计收视人次达到约 4.1 亿，创造中超联赛成立以来历史新高。有 20 家电视机构，对中超联赛进行了转播. 2015 赛季中超观赛人数破 530 万 累计收视人次达 4 亿 [EB/OL]. (2016 - 03 - 02) [2016 - 08 - 20]. http://www.chinanews.com/ty/2016/03 - 02/7781061.shtml.

❹ 以"英超""温网""NBA"等不同项目顶级赛事为例，转播权收入占比往往在 40% ~ 50%. 杨骁. 体育大年转播权怎么抢 [N]. 中国新闻出版广电报, 2016 - 01 - 06 (5).

❺ 中超联赛，是中国国内足球界最高级别的赛事。2004 年央视由于费用问题未获得该赛事的转播权。到了 2006 年，"中国足协"认为央视有广大覆盖面和稳定的收视群，中超联赛的发展依然需要央视的宣传，于是经多方努力，促成了央视与版权方重新开启中超联赛转播的谈判。十年之后，虽然"体奥动力"以 80 亿元的"天价"购得 2016 ~ 2020 年度的中超联赛版权，但央视依然以低廉的价格获得了中超联赛 50 场次的转播权。

会资本的参与，并提出应"放宽赛事转播权限制"。❶ 随后，众
多公司纷纷开始高价竞得国内外重大赛事的版权。从 2015 年起，
美国职业篮球联赛（NBA），在中国 5 年的网络独家版权价格为
5 亿美元；西班牙足球甲级联赛，在中国 5 年的版权价格为 2.5
亿欧元；中国足球超级联赛 5 年的版权价格，更高达 80 亿元人
民币。❷ 到了里约奥运会，尽管奥运会并不属于需要放开转播权
的体育赛事，央视依然在奥运会开幕前夕，决定分销本届奥运会
的新媒体版权，使得互联网公司最终享有了里约奥运会赛事的网
络转播权。这一转变，可谓是体育赛事转播产生增值利益的最佳
例证。

　　体育赛事直播不仅在我国热火朝天，在其他国家的娱乐市场
中也处于收入顶端。据统计，美国国家橄榄球联盟（NFL）一个
赛季的收入就高达 130 亿美元。❸ 如此巨额的体育赛事收入，与
美国职业体育的商业化运营密切相关。❹ 除此之外，当然也离不
开美国版权法的鼎力支持。在美国的司法实践中，对视听作品的
独创性要求较低，例如摄像设备、镜头以及区域的选择等都可以
作为作品具备独创性的证明。❺ 因而，针对体育赛事直播中所包

---

　　❶　参见国务院 2014 年 10 月 20 日发布的《关于加快发展体育产业促进体育消
费的若干意见》（国发〔2014〕46 号）。关于体育赛事转播权，该意见指出：应推进
赛事转播权的资源进行公平、公正、公开流转。"按市场原则确立体育赛事转播收益
分配机制，促进多方参与主体共同发展。"并提出应"放宽赛事转播权限制，除奥运
会、亚运会、世界杯足球赛外的其他国内外各类体育赛事，各电视台可直接购买或
转让"。

　　❷　杨骁. 体育大年转播权怎么抢［N］. 中国新闻出版广电报，2016 - 01 - 06
(5).

　　❸　Which Professional Sports Leagues Make the Most Money？［EB/OL］. (2016 - 07 -
01)［2016 - 08 - 20］. http：//how much. net/articles/sports - leagues - by - revenue.

　　❹　美国的第一个职业体育运动项目为棒球，最早成立的职业联盟为 1871 年的
美国国家棒球协会。

　　❺　Time Incorporated v. Bernad Geis Associates，968 293 F Supp 130（SYND，
1968）.

含的导演对摄制的创造性安排、摄像机角度的独特选择、音频解说以及重放等，也均被视为具有原创性的编排，这一理念还被美国众议院的立法报告所确认。❶美国的体育赛事直播，正是因为满足了独创性的要求，当然地被美国版权法所保护。

而在我国，体育赛事直播性质的判定情况则有些不同。在北京新浪互联信息服务有限公司（以下简称"新浪互联公司"）诉北京天盈九州网络技术有限公司（以下简称"天盈九州公司"）著作权侵权及不正当竞争纠纷案中，原被告双方争议的焦点主要集中于，体育赛事画面是否属于受《著作权法》所保护的作品。法官在判决中指出：由于足球比赛的赛事直播，需要许多设备进行拍摄录制。画面中包括了诸如球员的特写、场内外的观众神态以及回看等内容，因而最终形成的画面与体育赛事现场并不完全同步，这一切都需要有人对镜头进行选取和编排。最终法院判定，对赛事录制镜头的选择、编排形成可供观赏的新的画面，是一种创作性劳动。赛事录制形成的画面，构成我国《著作权法》对作品独创性的要求，应当认定为作品。❷然而，在相似的案件"巴西世界杯案"中，北京石景山区法院则认为：虽然在2014年巴西世界杯电视节目拍摄过程中，拍摄者处于非主导地位，能够按其意志作出的选择和表达有限，体现出来的创造性不足以达到"以类似摄制电影的方法创作的作品"的高度，但应当认定其为录像制品。❸与上述"巴西世界杯案"相同，在我国生效的第一个涉及体育赛事直播的案件中，深圳市福田区法院也认为：体育赛事只是一连串意外情况的结果，电视导播无法控制比赛进程，体育赛事直播节目的性质决定了电视导播、摄制者在节目中并非处于主导地位，体育赛事直播节目制作人，能够按照其意志作出

---

❶ See House Report 94 - 1476，52（1976）.

❷ 参见北京市朝阳区人民法院（2014）朝民（知）初字第40334号民事判决书。

❸ 参见北京市石景山区人民法院（2015）石民（知）初字第752号民事判决书。

的选择和表达非常有限，其所体现的创作性，尚不足以达到我国《著作权法》所规定的以类似摄制电影的方法创作的作品高度，不属于我国《著作权法》规定的作品，该赛事直播节目应被认定为录像制品。❶

上述第一个案件的判决，与美国版权法对体育赛事直播的态度是一致的，然而后两个案件却均将体育赛事直播认定为录像制品。在我国，这一系列涉及体育赛事直播案件的判决，非但没有平息体育赛事直播的性质之争，反而引发了理论界和实务界的巨大争议。深究其原因，主要在于我国的《著作权法》参照了大陆法系国家的立法，分别规定了作品与录像制品，❷ 并对二者有不同的创造性要求以及保护程度。相比于作品，著作权法对于录像制品的创造性要素要求较低，同时保护程度也相对较低，法律对其仅赋予邻接权的保护。有学者指出："降低对独创性的要求，将直播画面认定为作品，将在很大程度上降低广播组织权的意义。"❸ 虽然将体育赛事直播视为作品，可以达到保护相关权利人的目的，但上述担心并非毫无道理。

我国《著作权法》第 42 条规定，录像制作者对其制作的录像制品，享有通过信息网络向公众传播并获得报酬的权利。同时，第 46 条又对电视台播放录像制品，应当获得录像制作者的许可进行了规定。可见录像制品制作者，作为录像制品的权利人，依法享有许可他人以电视或网络播出其录像制品的权利。而对于广播组织者来说，《著作权法》第 45 条规定，广播电台、电视台有权禁止未经许可将其播放的广播、电视进行转播的权利。

---

❶　参见广东省深圳市福田区人民法院（2015）深福法民（知）初字第 174 号民事判决书。

❷　德国和法国均将录像制品给予邻接权保护。参见德国著作权法 第 95 条、法国知识产权法典第 L. 215 - 1 条。

❸　王迁. 论体育赛事现场直播画面的著作权保护：兼评"凤凰网赛事转播案"[J]. 法律科学（西北政法大学学报），2016（1）.

这样的规定，显然并没有赋予广播组织者关于网络播出其播放内容的权利。但是，如果体育赛事直播内容恰好是广播组织者制作的，那么广播组织者实际上就享有了针对体育赛事直播的电视或网络播出的权利。质言之，倘若将体育赛事直播视为视听作品，则广播组织者完全可以依靠视听作品的作者身份要求法律对其进行保护，而不必行使其广播组织者权，实际上则有架空广播组织者权之嫌。

电视、网络直播（或转播）等多样化的传播方式，使体育赛事产生了增值利益。然而，在支付高额版权费用之后，体育赛事直播的传播者如果不能公平地获取相应的增值利益，则会影响其对体育赛事直播投资的热情，间接影响制作者的利益。倘若传播者和制作者为同一主体，则对于体育赛事内容的制作者来说，如果缺乏法律保障，相应的利益获取则更为困难（因为此时制作者需直接承担传播过程的各种风险），长此以往则会严重影响体育事业的发展。实际上，国内外的立法以及司法，都趋向于认定体育赛事直播（或画面）具有独创性（不论独创性的高低）。尽管有的国家对独创性的高低有所区分，继而以作品或制品为其保护依据，分别给予其不同程度的法律保护，然而，将体育赛事直播纳入著作权法（广义上的著作权法）的客体，给予法律保护却是不争的事实。法律对体育赛事直播的关注重点不应是所属类别的区分，而应当是基于创造性产生利益的保护。法律保护体育赛事直播是由于其产生的利益，而著作权法选择对其进行保护则源于其所具备的独创性。可见体育赛事直播具备独创性，其产生利益应当受到法律保护。如将其视为视听作品可以更好地保护相关主体的权益，则切不可因噎废食，出于对邻接权中权项被架空的担忧，而枉顾作者创造要素的投入。

作品独创性的有无是客观存在的，而对其独创性高低的评价却是主观的。刻意对作品独创性的高低进行划分并区别保护，必要性和可行性是值得商榷的。作品独创性所体现出的创造要素，是视听作品受著作权法保护的基础，更是视听作品利益产生的根源所在，这一观点是不争的事实。

二、资本要素的贡献衡量

一部视听作品只有具备独创性，才可能成为著作权法保护的客体。而一旦成为受著作权法保护的作品，其面临的首要问题便是作品权利归属的确定。明确的权利归属，对作品传播和利益分配起着至关重要的作用。但是，由于参与视听作品产生的主体较多，如果不能按照一定的标准明晰众多主体之间的权利义务关系，则会对后续的增值利益分配产生不利影响。因而权利归属成为继独创性认定之后视听作品增值利益分配中遇到的又一个重要难题。相对于视听作品的增值利益分配，权利的原始配置即为作品利益的首次分配。在一般情况下，作品的原始著作权人，原则上为实际进行作品创作的人，即作者。在面对视听作品时，权利归属情况却更为复杂，往往需要建立例外规则。例如，《伯尔尼公约》就将电影作品著作权人的规定，作为一般作品作者认定原则的例外加以说明。❶

众所周知，大陆法系国家更为关注作者权利保护，并由此建立起一套以保护作者为核心的作者权体系。德国作为典型的大陆法系国家，受到黑格尔的"人格财产权"学说等一系列自然权利理论的影响，推崇著作精神权利和财产权利相统一的著作权法"一元论"观念，对视听作品作者的认定十分保守，仅有创作作品的人才能成为作者。不仅如此，视听作品的制作人并不能被视为作者，也不能凭借约定获得作者身份。❷ 因而，视听作品的作者只能是那些对视听作品进行实际创作的人，制作人仅可通过作

---

❶ 《伯尔尼公约》第15条规定，一般情况下在作品上署名的人为作者，而在电影上署名的人被推定为制片人，即电影作品中制片人被视为作者。

❷ 德国著作权法第7条。

者授权许可获得使用作品的权利，❶ 以及享有复制、发行等排他性权利。❷ 法国一直以来深受启蒙运动的影响，对自然权利理论亦十分追捧。法国知识产权法典开篇即明确指出，智力作品的作者，是基于其创作的事实对其作品享有权利。❸ 制片人只能通过与作者签订合同，来获取视听作品的财产性权利。❹ 由此可见，在法国也仅有那些付出创造要素的主体才可以成为作者，即自然人才有资格成为作者，法人没有办法进行创作，因而不能被视为作者。然而，在大陆法系国家内部，对作者的认定也存在不同情况。例如，意大利著作权法将原著的作者、编剧、导演等参与创作的人视为电影作品的合作作者，但同时规定制片人享有电影作品的经济使用权。❺ 日本著作权法，虽然原则性地指出创作作品的人为作者，❻ 但又对作者的推定、职务作品和电影作品的作者分别进行了规定，允许法人成为视听作品的作者。❼ 随后又通过专门条款，确立了电影作品的著作权归属于制片人。❽

如前文所述，大陆法系国家较为关注作者的权利保护，而相比之下，英美法系国家更注重作品产生的利益，并由此建立起以作品利用为核心的版权法体系。此种针对作者及作品利用重视程度差异化的观念，使得英美法系国家的"版权法"与大陆法系国家的"作者权法"对视听作品作者以及权利归属方面的规定有较大区别。究其原因，主要在于视听作品的完成和传播，往往需要制片人投入大量资本，并且承担投资失败以及其他方面的风险。在电影作品制作的五个阶段中，制片人也是从第一个阶段起

---

❶ 德国著作权法第 89 条。
❷ 德国著作权法第 94 条。
❸ 法国知识产权法典第 L. 111 – 1 条。
❹ 法国知识产权法典第 L. 132 – 24 条。
❺ 意大利著作权法第 44、45 条。
❻ 日本著作权法第 2 条第 1 款。
❼ 日本著作权法第 14 ～ 16 条。
❽ 日本著作权法第 29 条第 1 款。

就进入了电影的制作过程。版权法国家普遍认为：在资本要素的参与下，制片人若可以凭借其投入获得作品的权利，并公平地获取作品产生的利益，则有助于促进视听作品的产生和流通。因而，对制片人权利的保护，随即成为英美法系国家版权保护的应有之义。例如，英国版权法规定：作者是创作作品的人，❶ 作品版权的原始权利归属于作者所有。❷ 在电影作品中，创作作品的人是制片人和总导演。❸ 制片人和导演依照法律规定，自然成为法定的电影作品作者以及原始的版权人。在该规定中，视听作品的"创作人"显然包含了创造要素投入的作者，以及资本要素投入的制片人，即没有实际进行创作的投资者被视为视听作品的创作人。作为英美法系国家的另一典型代表，美国将视听作品视为雇佣作品，并在美国版权法中，针对雇佣作品作出了如下规定：雇佣作品的雇主视为作者，享有原始版权。❹ 换言之，在美国制片人可以作为雇主而成为作者并享有视听作品的原始版权。

由此观之，德国和法国的制片人，虽然可以凭借合同获得视听作品的部分财产性权利，然而作者始终是创作作品的个人，而非投资作品的"人"。英国和美国的制片人，则可以直接依照法律规定成为作者，并获取原始版权。值得注意的是，作为大陆法系国家的日本，在这一问题上同英美法系国家的做法一致，制片人可以凭借资本要素获得作品的著作权。可以说，创造要素和资本要素，在视听作品的创作过程中都扮演着重要的角色。而资本更是在传播利用过程中承担市场风险的要素。不可否认的是，创造要素在视听作品中起着基础性作用，然而资本要素在视听作品产生和传播中的贡献也是功不可没的。尽管不同的国家，基于文化观念、社会现实的差异，对视听作品的权利设置，作出了相似

---

❶ 英国版权法第 9 条第 1 款。

❷ 英国版权法第 11 条。

❸ 英国版权法第 9 条第 2 款。

❹ 17 U. S. C. § 201 (b).

或不同的规定，但总体而言，法律所规定的视听作品原始权利人，主要包括创造要素投入的作者和资本要素投入的制片人。这体现出视听作品利益的产生，不仅源于创造要素，还有资本要素的参与。其原始的利益分配，自然需要在创造与资本要素的投入者之间公平地进行。因此各国的法律或将作品权利分配于作者，允许作者将相关权利许可给制片人；或将作品权利分配给制片人，要求其将相关利益分享给作者。立法者希望通过制度调节，给予二者相对公平的原始利益分配。按照这一规律，创造和资本要素在视听作品的增值利益产生中也应当按照各自的贡献获取作品的增值利益。

随着电子设备性能（例如，手机的摄制功能和储存、播放功能）的提升以及视频分享网站等自媒体的发展，许多视听作品的产生和传播，不再需要制片人的资本投入。即便在有些情况下，需要一定的资金支持，创作者自身也可以同时充当制片人的角色。最为典型的例子是用户生成内容（User Generated Content, UGC）。UGC 是一种伴随着互联网的发展而逐步产生的新型商业运营模式，泛指用户生成内容，并通过平台进行展示或与他人分享的一种行为。其极强的交互性和传播性为如日中天的视听行业再添活力。在用户自己创作并传播视听作品的过程中，可能创造和资本要素的主体为同一人，或者根本不存在资本要素的投入主体。此时，创造要素在视听作品的形成以及利益产生过程中所起到的基础性作用便更为明显，是其他要素所不能取代的。

然而，在英美法系国家，资本要素投入也被视为创作的观点，实际上是对创作这一概念的曲解。创作应当包含创造要素，这一要素应当为主体的直接投入，而非资本持有人的间接投入。将资本视为创作，是在处理资本与创造关系时一种舍本逐末的方法。在经济学领域内，资本和劳动的关系——究竟是资本雇佣劳动，抑或是劳动雇佣资本，是一个极为复杂的问题。而在著作权法的范畴内，创造性劳动和资本的关系则相对单纯。因为创造要素是作品产生的核心，每一部受法律保护的视听作品，也都因创造要素的存在而成为独一无二的作品，创造要素是其他要素所不能取代的。资本在视听作品产生中，作为投资人赢利的工具，仅仅是投资人追逐创造要素的手段。资本要素投入的主体，可以依照其贡献与创造要素主体公平分配作品产生的利益。但必须明确的是，创造要素的贡献才是产生视听作品增值利益中不可或缺的重要内容。

视听作品的产生与创造要素密不可分，有时还需要资本要素的协助才得以广泛传播并增值。各国的立法大多基于创造与资本要素的贡献，将视听作品的原始著作权分配给了作者和制片人，此种做法虽无可厚非，但如若将资本要素贡献人视为创作人则属本末倒置。质言之，创作要素直接产生作品，资本要素可能帮助作品的产生及传播。既然创造和资本要素对视听作品的增值利益产生可能均有所贡献，那么究竟应当如何依照它们的贡献，将增值利益公平的分配至相关的主体手中，便成为解决视听增值利益分配矛盾的关键。

第三节　视听作品增值利益的法律分配方式

视听作品在创造要素和资本要素的共同努力下产生利益，并通过传播得以增值。增值利益需要公平地分配至有贡献的要素投入者手中，方可避免增值利益分配矛盾的产生。尽管理论上对要素的贡献进行衡量，并未对其进行具体的量化，但对于创造要素贡献核心地位的确认以及资本要素贡献的认定，有助于在增值利益分配时对不同的要素贡献加以区分。在此基础之上，可以凭借要素贡献的重要程度，依照不同种类要素所反映出的法律属性，设计出切实可行的法律规范，以保障要素可以公平地参与视听作品的增值利益分配。

一、基于创造要素贡献的增值利益分配

如前文所述，独创性是一个作品能否产生，是否被著作权法所保护的最重要条件。独创性是作者创造要素投入的体现，作者通过投入创造要素完成视听作品，在作品完成之后，权利主体才能依靠作品的质量，寻找渠道进行传播并获得相应收益。作品的增值利益起源于独创性。换言之，创造要素是作品获得增值利益的前提。在作品获得增值利益之后，创造要素的投入能否公平地参与增值利益的分配，直接决定了作品增值利益分配的公平性。在著作权法中，能否基于创造要素贡献获得视听作品的增值利益，最直观地体现为作者是否可以取得作品后续使用所产生的利益。

大陆法系国家一向注重作者权益的保护，不仅对作者的精神权利给予保护，还专门针对作者的公平获酬权给予法律上的绝对保护。最为典型的国家当属德国，早在 1930 年，德国最高法院就认为，作者应当一直获得利用他们作品的利益，这一观点被2002 年的修正案所采纳并沿用至今，因而现行德国著作权法明确规定："本法保障作者能够获得利用其作品产生的适当报酬。"❶ 1965 年德国引入了著名的"畅销作品条款"（best – seller clause），该条款旨在当最初的合同约定支付的全部金额与该作品实际获利明显不相称时，给予作者要求修改著作权合同的权利。❷ 2002 年德国著作权法进行修订时，对上述规定进行了修改，并加入了一般性的作者公平获酬权内容。其中，第 32 条保障了作者的公平获酬权即适当报酬权，并取消了之前"明显不相称"的规定。不仅如此，德国著作权法第 32a 条还专门对作品后续使用所产生的利益向作者赋予了更改合同的请求权，以便作者

---

❶　德国著作权法第 11 条。

❷　§ 36 German Copyright Act 1965.

公平参与该增值利益的分配。该条款所涉及的后续使用所产生的利益即为作品的增值利益。更为重要的是，为了防止作者被迫放弃该项权利，法律还对作者不得事前放弃该项请求权作出了明确的规定。❶ 这使得作者在与制片人签订合同后出现新利用方式的情况下，对增值利益的公平获酬权亦获得了保障。

　　德国公平获酬权的基础是其"一元论"的著作权法体系。在德国，视听作品的作者是创作作品的人，著作权是集著作人格权和财产权于一体的权利。德国在著作权法中加入公平获酬权的目的是：合作作者和表演者在合同谈判中有更好的议价地位。❷ 可以说德国公平获酬权的产生，是建立在作者与制片人进行合作时议价地位较低的假设之上。在处理公平的标准问题时，德国著作权法将集体协议中的报酬规定以及共同报酬规则，视为合理的获酬标准。❸ 在同为大陆法系国家的法国，不仅存在作者享有公平获酬权的法律规定，❹ 还存在专门针对试听作品公平获酬权的规定。例如，法国知识产权法典 L132 - 25 条就规定：作者的报酬，按照每一次使用方式付给。当观众收看视听作品支付价金的报酬，应由制片人按一定比例提取后支付给作者。❺ 为了保障公平获酬权得以顺利实施，法律还特别规定：制片人每年至少一次向作者提交一份作品每一次使用形式的收入报告。❻ 可见，在视听作品制作者与作者签订合同获取视听作品独占使用权的情况下，法国也将作者公平获酬权的保护予以明确规定。和我国的法

---

　　❶　德国著作权法第 32a 条第 3 款。

　　❷　HILTY R M，PEUKERT A. "Equitable Remuneration" in copyright law：the amended German Copyright Act as a trap for the entertainment industry in the U. S. ？ [J]. Cardozo Arts and Entertainment Law Journal，2004（22）：401，415.

　　❸　德国著作权法第 32 条、第 32a 条第 4 款。

　　❹　法国知识产权法典第 L131 - 3、L131 - 4 条。

　　❺　法国知识产权法典第 L132 - 25 条。

　　❻　法国知识产权法典第 L132 - 28 条。

律规定有所不同，❶ 上述两个国家的制片人，并不当然地成为电影作品的原始著作权人，而只能通过合同获取相关权利。因而，对于作者与制片人之间利益的重新分配，需依靠申请变更合同的请求权来实现。❷

在美国这一典型的英美法系国家，法律和司法判例均支持制片人获得视听作品的著作权。❸ 美国国会认为作品在开发利用前，其真正的价值难以确定，并且作者的议价能力不足，因而应当维护作者的权利，试图避免作者遭遇不公平的作品转让协议。❹ 然而，作者依然很难通过法定的合同变更权，来达到重新分配利益的目的。变更合同最主要的障碍，来自契约自由原则。在美国，面对可能与契约自由原则产生的冲突，法律并不必然保障那些因溢价合同而受到损失的一方。❺ 虽然美国的法律和司法判例并不支持公平获酬权成为一项法定权利，但是视听作品的导演、剧本创造者等作者，却可以通过其他方法来寻求利益分配的补偿，这一方法就是人们所熟知的罢工。在 2007 年，美国编剧协会（The Writers Guild of America，WGA）与美国电影电视制片人联盟（Alliance of Motion Picture and Television Producers，AMPTP）在签订新的合作合同时，关于新媒体和互联网等收入分成问题产生了分歧，❻ 于是美国编剧协会开展了一场针对电影制片人协会的百日大罢工，最终制片人联盟不得不对视听作品的

---

❶ 《著作权法》第 15 条。

❷ 周圆，邓宏光. 论视听作品作者的利益分享权：以《中华人民共和国著作权法》第三次修订为中心 [J]. 法商研究，2013（3）.

❸ Warren v. Fox Family Worldwide, Inc. , 328 F. 3d 1136（9th Cir. 2003）.

❹ H. R. Rep. No. 94 – 1476, at 124（1976）.

❺ Paul Goldstein, Copyright（2nd Edition）§4. 6. 2, Aspen Law & Business（2002）.

❻ 许炳坤，李蔚. 从美国编剧罢工看美国编剧机制 [J]. 中国戏剧，2008（4）.

利益分配问题作出让步。❶ 这次罢工，源于传播方式多样化带来的增值利益分配矛盾。由于缺乏法律强制性规定的保障，视听作品的编剧们只好依靠协会的力量对抗制片人，以获得增值利益的公平分配。

德国著作权法原则性地规定了作者的公平获酬权，并将视听作品的原始权利赋予作者，制片人仅可以通过协议获取相关权利。当双方协议中出现约定报酬不合理的情况时，视听作品的作者则可以通过修改合同予以纠正。如果涉及雇佣关系，则可以通过集体协议来确定报酬的合理性。美国将视听作品的著作权直接赋予雇主，即制片人。作者依照合同获取利益，当遇到不公平的利益分配时，不能依靠法律的强制性规定获取修改合同的权利，而只能依靠相关的组织以及工会的力量，通过组织谈判或罢工等方式保障作者合理的获酬权。相较于美国的事后补偿措施，德国的做法更具事前的规则性。虽然有学者提出，德国的规定具有"家长式作风"，❷ 会干涉私法领域的意思自治和契约自由原则，但事实上，德国通过法律的强制性规定，给予作者一个修改作品利益分配的机会。而修改的前提则是获酬上的不合理，即利益分配不公。按照德国的立法逻辑，正是因为作者与制片人在合同谈判时具有不平等的地位，作者处于弱势，对作者权利的保护和修改合同的请求权的赋予，是意思自治和契约自由原则的真正体现。对弱势一方的保护，的确更有利于公平。但是，如前所述，该逻辑的起点是作者处于弱势地位，其在谈判中的议价能力不

❶ 这次编剧大罢工由美国编剧协会（WGA）发起，目的是对抗美国电影电视制片人联盟（AMPTP）以获得更为公平的收益，这次罢工始于 2007 年 11 月 5 日，结束于 2008 年 2 月 12 日，共持续了 100 天。

❷ HILTY R M, PEUKERT A. "Equitable Remuneration" in copyright law: the Amended German Copyright Act as a trap for the entertainment Industry in the U. S.? [J]. Cardozo Arts and Entertainment Law Journal, 2004 (22): 401, 410.

足，❶ 然而这一假设缺乏理论依据和现实证据的支持。❷

　　作为大陆法系国家，我国在制定和修改《著作权法》时，针对视听作品的著作权归属分配问题，效仿了日本著作权法的规定。即将视听作品法律上的作者身份赋予了原始的创作视听作品的作者，而将著作权赋予了对作品进行投资并承担风险的制片人。这种权利配置的方式，是建立在产权明晰便于作品的开发利用这一观点之上的。作品利用人同单一、明确的权利主体制定作品开发利用的协议，显然比同众多不确定主体进行协商更有效率，更利于作品快速有效的利用。然而，效率的考量并不应当成为利益分配不公的借口。视听作品的利益产生根源是作者的创造要素，仅赋予作者以法律上的作者身份，而不对其经济利益加以保护，会使得创造要素的投入回报化为乌有。加之我国并不存在例如罢工这种比较有威慑力的"讨薪"手段，致使视听作品的作者，在增值利益分配面前毫无话语权。有鉴于此，学者们开始倡导在《著作权法》中引入视听作品作者的二次获酬权，以促进视听作品增值利益的公平分配。相比于我国现有的法律规定，二次获酬权的提出无疑是有进步性的。然而，皮之不存，毛将焉附，若作者的原始获酬无法保障，二次获酬又从何谈起。

　　在德国，德国著作权法不仅给予作者至高无上的地位，还赋予了作者公平的获酬权，即获得合理报酬的请求权。其中，为解释"合理报酬"，❸ 还精心设置了共同报酬规则的内容，❹ 并制定了共同报酬规则的调解程序。❺ 此外，德国在其劳动法体系内，

---

❶　RUB G A. Stronger than kryptonite? inalienable profit – sharing schemes in copyright law [J]. Harvard Journal of Law & Technology，2013（27）：49，78.

❷　FILER R K. The "Starving Artist" ——myth or reality? earnings of artists in the United States [J]. J. Pol. Econ.，1986（94）：56.

❸　德国著作权法第 32 条。

❹　德国著作权法第 36 条。

❺　德国著作权法第 36a 条。

设立了一部集体协议法，❶ 并在德国著作权法中确认：通过集体协议中的报酬规定和共同报酬规则所确定下来的报酬金额，被视为合理的报酬。❷ 美国虽没有在其著作权法内，规定作者享有公平获酬权，但是其工会组织和罢工等劳动保障制度的完善，从另一个层面保障了作者的获酬权利，提高了作者的获酬水平。反观我国，《著作权法》第 15 条规定，电影作品的作者的确"有权按照与制片者签订的合同获得报酬"。但是，《著作权法》却没有对合同约定的报酬数额是否公平等事项作出规定，仅在使用作品的付酬标准中原则性地指出，可以按照"国务院著作权行政管理部门会同有关部门制定的付酬标准支付报酬"。❸ 1999 年 4 月国家版权局发布了《出版文字作品报酬规定》，随后，国家版权局与国家发展和改革委员会又于 2014 年联合颁布了《使用文字作品支付报酬办法》，取代了之前的规定，在支付金额和方法上均有所进步。例如，对于原创作品而言，将他人使用原创作品每千字基本稿酬的最低额从 30 元提高到了 80 元。然而，该办法仅针对文字作品的复制性使用，例如报刊转载文字作品等，并不包含利用已经存在的文字作品改编成剧本用以拍摄视听作品，或者视听作品使用剧本等情况下的付酬。在劳动法领域，我国《劳动合同法》专门规定了集体合同，❹ 并指出当劳动者与用人单位未订立合同或约定劳动报酬不明确时，其报酬按照集体合同规定的标准执行。❺ 但是，我国的《著作权法》，并未明确将作者的公平获酬标准指向集体合同规定的标准，而且在我国尚有一部分作者是"自由职业者"，不享有参照雇佣关系获酬的法律保护。不

---

❶ 集体协议是由劳资双方代表签订的协议。聂海军. 德国的集体合同制度（上）[J]. 中国劳动科学, 1997 (10).

❷ 德国著作权法第 32a 条。

❸ 《著作权法》第 28 条。

❹ 《劳动合同法》第 51~56 条。

❺ 《劳动合同法》第 11 条。

仅如此，在我国，集体合同的签订往往需要工会的促进，但工会这一为维护劳动者权益而设立的机构，其力量较为薄弱，❶ 只能勉强保障劳动者的"底线型权益"，❷ 无法保障作者公平的增值利益获酬权。

美国和德国通过不同的方式，给予视听作品作者面对增值利益分配的公平获酬机会。事前的规则制定和事后的补救措施，均是作者有权依照其创造要素的投入，而获取相应利益的体现。在我国，由于不存在德国"一元论"著作权理论，亦不存在美国完备的工会制度以及劳资协商对抗机制，面对作者公平获酬权保护时，更应当从视听作品利益产生的根源入手，对视听作品的利益构成要素分析，确立作者创造要素的核心贡献。将作者获取视听作品增值利益的正当性，建立在创造要素贡献的基础之上。在制定具体分配规则时，更要充分衡量增值利益的构成要素及其贡献，以要素贡献理论为支撑，进行公平的增值利益分配。

除了利益分配的理论建设外，现实中的法律制度亦有完善的空间和必要：首先，在《著作权法》中，应当明确只有基于创造事实方可获得作者身份。作者是作品的原始著作权人，其著作权当然包括因创作作品产生的精神性权利和财产性权利。具体内容可以表达为："只有创作作品的人才能成为作者。"这样一来，一方面可以将起辅助作用的人排除于作者行列之外，另一方面还可以明确只有可以进行创作的"人"才能成为作者。其次，对作者和制片人的权利进行公平配置。作者获得原始的著作权，其有义务将一些财产性权利授予制片人享有。最后，在《著作权法》中针对试听作品的增值利益，应当增加视听作品的二次获酬权。具体而言，应明确二次获酬权的主体为视听作品贡献创造要

---

❶ 冯钢. 企业工会的"制度性弱势"及其形成背景 [J]. 社会, 2006 (3).

❷ 孙中伟, 贺霞旭. 工会建设与外来工劳动权益保护：兼论一种"稻草人机制" [J]. 管理世界, 2012 (12).

素的主体，并将"二次利用"解释为除作者与制片人协商明确规定方式之外的一切利用，包括但不限于现有其他方式的利用，以及日后出现的新传播方式的利用等。只有在最广义的范围内规定二次获酬权中的二次利用，才能够更好地保障作者创造要素投入的公平回报。

总之，合理的获酬体系不应当是一种创造与补偿的关系，而应当体现出一种创造与分配的良性互动。作者获得视听作品增值利益的依据并非为合同，而应当是基于作品中作者的创造要素投入。

二、基于资本要素贡献的增值利益分配

视听作品的作者，基于创造要素的投入获得了作者身份，制片人基于资本要素获得了视听作品相关的经济权利。对于制片人来说，在获得视听作品的著作权之后，所投入的资本能否得以收回并获得更多利润，是其更为关心的。所以在视听作品产生之初，如何深度开发利用作品，将作品更为广泛地传播使其增值，便成为每个制片人不得不思考的问题。如果制片人不能通过对作品的正常利用获得收益，例如对作品的传播过程中出现侵权盗播而无法受偿的情况，则必然会降低投资热情，不仅不利于作者的获酬，更不利于整个视听作品行业的发展。因而在视听作品的利用中，每一种利用方式产生的利益，都应当归属于对该利益产生有贡献的主体。

（一）传统传播方式

电影院放映电影，是电影作品最常见的利用方式，也是电影作品最原始的利益产生方式。制片人从完成影片的制作起，就开始了推销影片的活动。寻找电影放映渠道，对电影作品的传播至关重要。走入影院欣赏电影，已经成为一种常见的生活娱乐方式。2015 年我国电影发展取得突破性的成果，全国电影总票房达到 440.69 亿元，同比增长 48.7%，创下"十二五"以来最高

年度增幅。❶ 在票房增长的同时，电影行业的盗版情况依然十分严重。例如，在一些电影下载网站中，正在热映的影片会出现"枪版"的盗版内容供人们下载。❷ 由于"枪版"电影的效果极差，又在电影的院线热映时供人们下载、观看，不仅会影响人们的观影感受，更是给制片人造成了不小的经济损失。因而诸如此类的盗版行为，一直是都是令著作权人深恶痛绝的，也是各国法律明确禁止的行为。❸

（二）信息网络传播

面对科技的日新月异，新的传播方式不断涌现，新的作品利用方式往往更容易产生法律上的不确定性。在传统情况下，一部电影制作完成后会寻求发行方进行发行，发行方会和影院进行联系，安排放映。如前文所述，影院放映影片，售卖电影票是电影作品的原始收入。随着技术的进步，有些电影被改造成"3D"电影再次放映（如著名影片《泰坦尼克号》就以"3D"的形式再次被搬上荧幕），会带来增值收入。还有些电影会选择在影院下线后，转而在网络上进行传播。视频网站会与电影作品的相关著作权所有人（一般情况下是制片人）签订许可协议。通过许可费用的支付，电影作品的投资人随即获得了相应的增值收入。可以说，由于此时制片人获得了视听作品的相关著作权，所以制片人获得增值利益是作者获得增值利益的前提。在视听作品的传播过程中，制片人能否获利，便成为增值利益分配的重要环节。而这一环节的实现，依赖于视听作品传播方获利而支付的相关许可费用。换言之，此时视听作品的传播方通过资本投入，使得作

---

❶ 王爱．"完片担保"对我国电影产业信贷融资风险保障机制建设的启示[J]．济南职业学院学报，2016（2）.

❷ "枪版"也可称为"抢先版""抢版"。所谓枪版，就是在电影院放映电影时进行偷录的一种格式，清晰度相较正版电影来说差距较大。

❸ QUDF, LIYH. The challenges for the enforcement against copyright violations in China under the Trips Agreement［J］. Frontiers of Law in China, 2012（3）：244.

品更为广泛地传播，由此产生的作品增值利益，应当公平地分配至资本投入的主体手中。

为了合法地播放视听作品，视频网站会支付版权费用，获得该作品的信息网络传播权。获得授权的视频网站，有的会通过向观众免费播放视听作品而获得巨大的流量（访问量），再凭借其流量吸引广告投放，最终依靠广告费用而获利。还有的视频网站，通过向会员收取相应的费用而直接获利。过去，一些未支付版权使用费的网站，直接将受保护的视听作品保存于其服务器中，使得不特定主体可以在自己的网站内直接点击播放该视听作品。此种未获授权而将作品保存在自己服务器上并通过网络传播作品的行为，符合"服务器标准"的判定情况，构成对视听作品信息网络传播权的直接侵犯。❶

依照我国《著作权法》的规定，信息网络传播权是指以有线或者无线方式向公众提供作品，使公众可以在其个人选定的时间和地点获得作品的权利。❷ 该项权利的设置，参考了世界知识产权组织于 1996 年通过的《世界知识产权组织版权条约》（World Intellectual Property Organization Copyright Treaty，WCT）以及《世界知识产权组织表演和录音制品条约》（WIPO Performances and Phonograms Treaty，WPPT）的规定。❸ 这两个条约是为解决在互联网环境下，由数字技术产生的新版权问题而制定的。针对交互性和非交互性的传播行为，条约赋予了著作权人以有线或者无线方式向公众提供作品的权利。这对于《伯尔尼公约》中传播权的规定，无疑起到了补充和发展的作用。❹ 当然，世界

---

❶　王迁. 网络环境中版权直接侵权的认定 [J]. 东方法学，2009 (2).

❷　《著作权法》第 10 条。

❸　《世界知识产权组织版权条约》第 8 条，《世界知识产权组织表演和录音制品条约》第 10 条、第 14 条。

❹　孔祥俊. 网络著作权保护法律理念与裁判方法 [M]. 北京：中国法制出版社，2015：81.

各国针对该项权利作出的立法调整是不同的：我国独立设置了交互性传播的信息网络传播权，美国则通过扩大解释发行权的含义赋予了作品数字传播权，而欧盟则是针对所有的传播技术设立了统一的向公众传播权。

以"服务器标准"作为视频网站是否直接侵犯信息网络传播权的判断标准，得到了学界和司法机关的高度关注。❶ 然而，随着利用内容聚合这一快速获取流量方式的普及，一种名为"加框链接"的技术应运而生，视频网站侵权认定的情况随即变得复杂许多。北京奇艺世纪科技有限公司（一审原告，以下简称"奇艺公司"）诉上海幻电信息科技有限公司（一审被告，以下简称"幻电公司"）侵害作品信息网络传播权纠纷案件，即涉及加框技术侵犯视听作品的信息网络传播权的行为。❷ 幻电公司是视频网站"哔哩哔哩"的主办方，其利用加框技术，使得用户不必经过被链接网站的界面，直接通过被告网站，观看涉案视频（综艺节目《快乐大本营》）。所以被告幻电公司的网站，已经在实质上替代了被链接网站，向公众传播作品。经过审理之后，一审法院认为：从利益分配是否公平的角度进行考虑，视听作品制作成本较高，相应的商业运作是保障其收回成本的重要方式，被告的行为使得视听作品的播放利益由其独享，不与权利人分配，是不公平的。如果其他网纷纷效仿，均以此种方式传播视听作品，权利人通过授权许可盈利的模式则难以为继。从被告事实的行为角度而言，虽然涉案节目未存储在幻电公司服务器中，即被告未直接上传涉案节目到其服务器，但其对链接服务实施了人工干预，并使其用户具有了在个人选定的时间或地点获得涉案作品的可能性，因而被告实施了提供作品的行为，侵害权利人对作品

---

❶ 冯晓青，韩婷婷. 网络版权纠纷中"服务器标准"的适用与完善探讨［J］. 电子知识产权，2016（6）.

❷ 参见上海知识产权法院（2015）沪知民终字第 213 号民事判决书。

所享有的信息网络传播权。而二审法院则认为，由于被告传播的作品来自第三方视频网站，第三方网站上存在涉案视频是被告得以设链的前提。因而被告的行为，并不能被认定为直接侵犯涉案作品的信息网络传播权。同时，知识产权应当遵循权利法定原则，在侵权审查中，应审查判断被诉行为是否属于法律规定的信息网络传播权所控制的行为。而对权利人利益分配是否公平，行为是否具有不正当性等，并不应当成为侵犯信息网络传播权案件的审理内容。综上，二审法院认为，幻电公司的行为帮助扩大了涉案节目侵权后果，并不直接侵犯原告的信息网络传播权。

上述案件涉及的"加框链接"技术，属于"深度链接"的一种方式，其并非为法律上的概念，而是技术概念。"加框链接"是一种与普通链接不同的设置链接方式，设置链接的人被称为"设链者"，设链者通过将自身网站界面分割为不同的区域，利用链接技术在其部分区域内，直接向用户展现被链接网站的内容。在用户浏览视频的全部过程中，虽然视频内容为被链网站的内容，但实际上其依然停留并访问设链者的网站。即通过这种加框技术，用户并未到达实际拥有授权许可的视频网站，未能增加该网站的流量，反而增加了设链者网站的流量，直接影响了拥有授权视频网站的利益。在利用加框链接技术时，设链者并不必在其服务器中保存视听作品，若仅依照服务器标准进行判断，其行为并不直接构成对著作权人信息网络传播权的侵犯。正因为如此，学者们又提出了"用户感知"和"实质呈现"等判定标准，用于修正"服务器标准"的不足。❶ 在司法审判实践中，也逐步使用"用户感知标准"对"服务器标准"进行补充。❷

除了上述由视频网站实施的侵犯视听作品信息网络传播权的

---

❶　崔国斌. 加框链接的著作权法规制［J］. 政治与法律，2014（5）.

❷　参见广东省广州市天河区人民法院（2014）穗天法知民初字第 217 号民事判决书。

行为之外，还有一种使用屏蔽广告软件屏蔽视听作品的广告，继而阻碍资本要素主体公平获取增值利益的情况。❶ 正如前文所述，视听作品的传播者依靠广告费用而获取利益。而广告屏蔽技术的出现，一度被用户奉为"看剧神器"。人们普遍习惯了在电视上收看视听作品时插播广告的行为，然而在视频网站观看视频时，人们往往更愿意尝试无广告版的播放服务。为了满足用户对高品质观影感受的追求，视频网站推出了付费会员的方式，用户可以付费成为该网站会员，享受不必观看片头、片尾、中间插播的广告，以及更清晰格式的视频内容等服务。他人利用技术方式阻碍广告的展示行为，实际上是对资本要素投入人正当利益的侵犯。会员付费和广告费用，均为视听作品传播过程中产生的增值利益，该利益应当由对视听作品增值作出贡献的要素投入者所享有。

（三）其他新兴传播方式

除了现有司法案例中已经出现的实际案件之外，新出现或将要出现的传播技术，也有可能带来视听作品的传播增值以及利益分配矛盾。最为典型的事例当属"全息技术"对现有视听作品的使用。❷ 全息技术可以立体地展现人物影像，在现场表演中常常被使用。例如，在 2013 年歌手周杰伦举办的一场演唱会上，通过技术的处理，周杰伦与已故著名歌手邓丽君"同台献唱"。由于该虚拟形象的制作是由制作方与邓丽君家属共同开发完成的，所以暂不涉及人物形象方面的侵权事宜。不仅如此，2014年美国公告牌（Billboard）颁奖典礼上，通过类似技术的使用，上演了一场音乐巨星迈克尔·杰克逊（Michael Jackson）的"复

---

❶ 参见上海市浦东新区人民法院（2015）浦民三（知）初字第 143 号民事判决书。

❷ 全息技术，是利用干涉和衍射原理，对物体真实的三维图像进行记录和再现的技术。首先，利用干涉原理进行物体光波信息的记录，即拍摄。其次，利用衍射原理再现物体光波信息，即成像。

活"表演。❶ 然而，利用技术手段模拟他人的声音和影响，不可避免地会使用他人演唱过的曲目和表演素材，这些作品的使用都与著作权存在莫大的关系。虽然全息技术尚未像一般的互联网技术一样普及，但面对利用全息技术等新的技术手段制作出的影像，其法律上的定义和性质，直接决定了该类作品能否受到法律保护，投资人能否享有相应的权利，以及其创作和传播过程是否侵权等的判定。

与全息技术类似的虚拟现实（Virtual Reality，VR）设备的研发，也快速地改变着人们的生活。VR 是集仿真技术、传感技术等一系列复杂技术于一体的技术，通过 VR 设备的佩戴，使用者可以身临其境地感受到三维立体的模拟场景。这一应用不仅可以被用作游戏设备，更因其可以成为智能穿戴设备的一部分而受到年轻人的追捧，进而得到了众多投资人的青睐。在 VR 设备呈现的影像中，如果未经授权利用了他人受著作权法保护的作品，是否涉嫌侵权？侵权判定标准，是否与传统案件中的标准相同等问题引起了人们的关注。事实上，全息技术和 VR 设备所呈现出来的均为一种影像，如果该影像是活动的，且具备创造性，则符合视听作品的含义，成为受保护的视听作品。如果其呈现出的影像利用了受保护的视听作品，那么这些利用新技术产生的作品传播利益，当然属于视听作品的增值利益。

无论科学技术如何进步，视听作品的传播方式如何改变，将视听作品呈现给公众，就是对其进行传播。只要是利用视听作品产生的利益，就应当按照要素贡献进行分配。针对视听作品的传播，由于权利人在传播过程中付出了资本要素，因而产生的利益当然地归属于权利人。盗版者或其他侵权人对作品的增值并没有

---

❶　已故巨星迈克尔·杰克逊在北京时间 2014 年 5 月 19 日举行的"公告牌"颁奖典礼上，"表演"了曲目《奴隶节奏》，其"复活"演出震撼了全场，宛如真人重现。

贡献，所以自然不具备分享增值利益的资格。

本章小结

视听作品是一个经过不断发展、演变而来的法律概念。视听作品利益链上的主体较多，容易引发利益分配矛盾。为了调和这一矛盾，著作权法对其概念、权利归属等问题进行了规定。简言之，法律对视听作品保护的初衷是调和视听作品的利益分配矛盾。随着技术的发展，视听作品的传播方式发生了变化。在传播方式多样化的推动下，视听作品产生了增值利益，随之而来的便是增值利益分配矛盾的频发。增值利益分配矛盾的根源是利益分配不公，在现有的著作权法律制度中表现为大陆法系国家对作者利益的偏袒和英美法系国家对投资者利益的过度保护。实际上，著作权法的立法宗旨应为解决现实生活中出现的因作品利益分配引发的矛盾，即公平地确认、分配作品市场化所产生的利益而非其他。❶

相对于受著作权法保护的其他作品而言，视听作品的参与主体更为广泛，涉及的权利义务也更为复杂。其中，最为重要的参与主体便是作者与投资者。作者通过"创造"要素的投入产生作品，投资者通过"资本"要素的投入使众多作者的作品形成一个有机的整体并进行传播，最终使一部视听作品得以完整地呈现在观众面前。世界范围内对视听作品权利人的规定，无外乎是将作品的权利赋予作者和制片人两种情形。虽然各国所处的立场不同、初衷不一，但恰好说明了创造与资本要素在视听作品利益产生中的重要贡献。

正如著名经济学家德姆塞茨所言：主体的要素投入，应以获

---

❶ 李琛. 著作权基本理论批判［M］. 北京：知识产权出版社，2013：25.

得相应收入为前提。❶ 视听作品在创造要素和资本要素的共同努力下产生利益，在传播过程中不断增值。因而，只有将视听作品的增值利益，按照各要素贡献分配至其要素投入的主体手中，才可保障主体要素投入的公平回报。质言之，只有按照要素贡献分配利益，才能保障利益分配公平的实现。具体而言，在视听作品的增值利益分配中，创造要素是不可或缺的要素，因而在分配中居于核心地位。而资本要素也是视听作品产生的重要要素之一，因而在分配中也应占有一席之地。

❶　德姆塞茨．关于产权的理论 [M] //科斯，等．财产权利与制度变迁：产权学派与新制度学派译文集．刘守英，等，译．上海：上海人民出版社，2014：73.

第五章　艺术品增值利益的法律分配

前文以演绎作品和视听作品的不同视角，对作品增值利益进行了分析。这体现出当内容和传播方式改变时两种类型作品增值利益要素贡献的分配路径。而面对第三种增值利益，即作品转售过程中，内容和方式均未发生改变，自身升值而产生的作品增值利益分配问题时，研究的对象自然转向了艺术品。

中国是一个具有五千年悠久历史的文明古国，拥有的艺术品瑰宝更是享誉全球。近年来，为了响应"提高国家文化软实力"的号召，❶ 作为文化产业的重要组成部分，我国的艺术作品交易市场得到了一定程度的发展。实际上，一国的艺术水平提升，离不开艺术品作者的努力、艺术品交易市场的健康发展以及二者间的良性互动。在艺术作品交易过程中，可能会产生利益分配不公的情形。正因如此，追续权制度作为一种利益分配的矫正机制，得到了广大艺术作品作者的拥护。然而，部分反对者担心，追续权制度会对艺术作品交易产生负面影响，这也为艺术品交易市场的从业人员带来了恐慌。

与其他类型作品的利用不同，权利人对艺术作品的利用方式主要是销售作品原件并以此获利。艺术作品的价值，最直观地体现在作品原件的销售价格之中。当然，艺术作品的市场价值一般难以与艺术创作者以及艺术品本身的影响力完全吻合，艺术作品的交换价值和使用价值也并非对等。❷ 艺术家名望的高低和不同

---

❶　我国在号召"提高国家文化软实力"的过程中，提出了"推动文化事业全面繁荣、文化产业快速发展"等一系列要求。

❷　王家新，傅才武. 艺术经济学 [M]. 北京：高等教育出版社，2014：36、37.

时期收藏家欣赏水平的变化等，都影响着艺术作品的价格。当作者名声大噪时，通过专业机构的广泛宣传，并在拍卖师超群的拍卖技艺等因素的共同作用下，一件艺术作品的转售价格，往往高于该作品的原始出售价格。此时，艺术作品的增值利益便出现了。这种艺术作品增值利益的产生，打破了原有的利益分配格局。新增的利益产生了新的利益分配矛盾。对于艺术作品的转售方而言，转售价格高于当初购买的价格，可谓是一次成功的投资。而对于艺术作品的作者而言，正是由于其创造性劳动，产生了该艺术作品。如果首次销售价格相比转售价格而言是奇低的，则表明首次销售价格并未很好地反映作品实际价值。因而，作者希望获取艺术作品转售后的相应利益，即通过追续权制度，来弥补首次销售中利益分配不公而产生的损失。

在面对是否应当建立追续权这一制度时，学者们提出了截然不同的两种观点。其中，以法国和德国为代表的学者，基于作品是人格外化的表现这一观点，❶ 认为艺术家是贫困且缺乏议价能力的，所以应当赋予作者追续权以获取艺术作品的增值利益。❷ 同样支持追续权入法的国内学者们，也从追续权的理论基础入手，❸ 通过对其他国家追续权制度的介绍，❹ 提出了一些构建追续权制度的具体建议。❺ 而反对增设追续权制度的学者们，则对

---

❶ ROEDER. The doctrine of moral right：a study in the law of artists, authors, and creators ［J］. Harvard Law Review, 1940 (53)：554. GIBALDI S. Artists' moral rights and film colorization：federal legislative efforts to provide visual artists with moral rights and resale royalties ［J］. Syracuse Law Review, 1987 (38)：965.

❷ 雷炳德. 著作权法 ［M］. 张恩民，译. 2004：286.

❸ 刘辉. 追续权制度几个理论问题探究 ［J］. 西部法学评论, 2011 (3).

❹ 韩赤风. 德国追续权制度及其借鉴 ［J］. 知识产权, 2014 (9)。文章专门介绍了德国追续权制度的发展情况。

❺ 丁丽瑛，邹国雄. 追续权的理论基础和制度构建 ［J］. 法律科学, 2005 (3)；李雨峰. 论追续权制度在我国的构建：以《著作权法》第三次修改为中心 ［J］. 法律科学, 2014 (1).

设立追续权的必要性以及合理性提出质疑,❶ 并认为追续权的提出是建立在各种假说之上的。❷ 其中，反对者的理由主要集中于：追续权的存在不仅违背了版权权利穷竭原则和契约自由原则,❸ 更会对物权产生限制，并对艺术品交易市场产生不良影响。除此之外，还有许多学者处于观望态度，提出在尚不具备充分的实施条件时，不宜匆忙引入追续权制度。❹ 更有人提出：在追续权的影响尚未可知的情况下，应当等待他国对追续权制度的调查结果之后再作选择。❺ 围绕追续权制度产生的争论，一直延续至今。实际上，这一争论的产生，源于理论界对于艺术作品的三点疑问：艺术作品的增值利益是否应当在不同权利主体间进行分配？如需分配，应当遵循怎样的标准？应以怎样的方式进行？

以上三个问题，均为理论中亟须澄清的问题。因而，本章从追续权制度的历史演变入手，以纵向的历史发展揭示艺术作品的增值利益形成过程以及追续权产生的根本原因。再通过横向的制度比较，寻求艺术作品增值利益应当遵循的分配标准。最终，提出构建艺术作品增值利益分配制度的具体建议，以期对解决艺术作品的增值利益分配问题提供一定的理论支撑。

第一节　"饥饿的艺术家"神话

一、艺术家的名与利

"艺术家"一词，顾名思义是指创造艺术作品的人,❻ 而艺

---

❶ 孙国瑞，薄亮. "追续权" 入法的合理性和必要性质疑 [J]. 中国专利与商标, 2014 (2).

❷ 孙山. 追续权入法之证伪 [J]. 科技与出版, 2015 (11).

❸ RUB G A. Rebalancing copyright exhaustion [J]. Emory Law Journal, 2014 (64)：741.

❹ 周林. 关于艺术品 "追续权" 的再思考 [J]. 中国拍卖, 2016 (5).

❺ 吕继锋. 追续权入法需三思而后行 [J]. 中国发明与专利, 2013 (9).

❻ 虽然表演京剧、歌剧等剧目的人也可以被称为艺术家，但文中所讨论的艺术家专指美术、绘画等作品的作者。

术作品的含义较为广泛，所有具备审美意义的作品都有可能成为艺术作品。不仅如此，在不同领域内探讨艺术作品，其指代的内容也有所不同。例如，在美国，由于海关对艺术品实施关税豁免的政策，为了确定何为艺术品，法院将实用工艺品排除在外，[1]仅将艺术作品限定于"纯艺术品"（fine art）的范围内。[2] 在1958 年美国关税法修订之前，为了区别艺术品与非艺术品，[3] 法院还一直在"煞费苦心地制定着许许多多难以捉摸并带有几分武断的界限"。[4] 艺术作品的概念不仅涉及海关的进出口政策，还关系到文物保护和考古发现等领域的发展。例如，英国规定艺术作品属于文物的，其出口需要经过许可。[5] 在美国，如果出售的艺术作品是哥伦布到达美洲之前的文物，也是法律所禁止的。[6]在艺术作品的众多角色中，作为投资的艺术作品，可谓时下较为流行的艺术作品利用方式之一，也是本章研究的重点。在这一领域内，艺术作品特指那些绘画、书法、雕塑等，以线条、色彩或者其他方式构成的有审美意义的平面或者立体的造型艺术作品。艺术作品因具备巨大的升值潜力，受到广大艺术品收藏者的追捧。也正因如此，艺术作品的增值利益分配问题才渐渐进入人们的视野。

作品增值利益产生，主要包括作品内容和传播方式的改变所带来的增值利益。著作权法所保护的文学艺术作品主要包括文字作品、音乐作品、视听作品和艺术作品等。其中，对于文字、音

---

[1]　Consmiller v. United States，2 Ct. Cust. App. 298（Cust. App. 1912）.

[2]　Perry，United States v.，146 U. S. 71，13 S. Ct. 26，36 L. Ed. 890（1892）.

[3]　Brancusi v. United States，54 Treas. Dec. 428（1928）.

[4]　杜博夫，金. 艺术法概要（第4版）［M］. 周林，译. 北京：知识产权出版社，2011：2.

[5]　"出口100 年以上历史，价值超过8000 英镑的物品，无论它是在英国创作的，或从要求出口之日算起已进口到英国50 年以上的，均需取得许可证。"杜博夫，金. 艺术法概要（第4版）［M］. 周林，译. 北京：知识产权出版社，2011：9.

[6]　McClain，United States v.（McClain I），545 F. 2d 988（5th Cir. 1977）.

乐以及视听作品的利用方式丰富多样，人们既可以对其进行演绎，亦可对其进行表演，还可以通过不同的技术方式对其进行复制和传播。可见，作品的内容或传播方式发生变化，均可以产生作品的增值利益。诚然，艺术作品也可以通过复制、传播等方式增值（例如将名画复印件制成画册出版发行）。然而，与其他作品所不同的是，艺术作品的增值利益最广泛地发生在作品原件的传播利用过程中，即转售艺术作品原件所产生的增值利益。相比其他增值方式而言，在艺术作品转售过程中，作品的内容和传播方式均未发生变化。此时所产生的艺术作品增值利益，是否应当在作者、转售人以及中介人之间进行分配以及如何分配，成为亟须解决的问题。而追续权作为化解艺术作品增值利益分配难题的一种方案，其是否合理和可行，也成为理论界与实务界较为关注的一个问题。

二、增值的艺术品与"饥饿的艺术家"

19 世纪末的法国，由于私人资助体系和国家艺术资助体系的相继衰落，艺术家为了维持生存，只得将其作品原件在市场上公开出售。❶ 在进行艺术创作的同时还要担负起销售的职责，这对于艺术家而言是十分痛苦的。画廊、拍卖行等中间人的出现，极大地减轻了艺术家的销售负担。虽然艺术家有时会和收藏家直接进行交易，但更多的情况下，作品原件的流通是通过画廊和中间人进行的。艺术商们的销售技艺和市场渠道都是艺术家们所不具备的，因而艺术家乐于将自己的作品委托给艺术商销售，有的甚至直接将艺术作品售卖给艺术商以获取收益。艺术商这种中间人的销售模式，不仅获得了艺术家们的追捧，更赢得了购买者的喜爱。作为投资，艺术品购买的确可以预防通货膨胀，并降低其

---

❶ 李明德，黄晖，闫文军. 欧盟知识产权法 [M]. 北京：法律出版社，2010：265.

他投资的高风险，但是艺术品投资依然具备一定的风险。因而，在购买者作出购买决策之前，通常会去专业机构进行咨询，有的甚至需要"试用"。而上述服务，艺术商往往都可以提供。久而久之，通过艺术商进行艺术品交易的行为便成为常态。

　　然而，人们逐渐发现，本应在交易中充当第三方——为艺术家和购买者搭建桥梁的艺术商，在艺术品转售中获得了高额的利润，而大量的艺术品创作者——艺术家却常常穷困潦倒。这种艺术家的困境是十分特殊的，因为文字、音乐作品的作者可凭借复制等方式传播作品而获利，而艺术家最主要的获利方式则是通过出售艺术作品的原件。法国艺术家 Jean – Louis Forain，通过名为《一幅爸爸的画》（*Un tableau de Papa*）的作品，形象地描述了这一"饥饿的艺术家"现象：两个贫困的儿童正可怜兮兮地注视着拍卖行窗口展示的一幅标价极高的画作，令人讽刺的是，这幅昂贵画作正是他们父亲所画。❶ 实际上，面对销售者依靠他人作品赚得盆满钵满，而创作者分文无收的现象，以最为朴实的价值观和最为简单的逻辑，都可判断出是极为不公平的。正是这一现象，促使热爱艺术的法国人设计出了一种制度：赋予作者分享艺术品转售利益的权利，以平衡艺术家与艺术商之间的利益关系，即追续权制度。

　　三、艺术家的追续权

　　"追续权"一词源于法文"Droit de Suite"，❷ 早期为物权所有人享有的一种"追及权"，后被沿用至著作权领域。追续权是艺术家及其继承人在艺术作品原件转售时，对增值利益享有的一种获益权。英美法系国家称为"Resale Royalty"或"Resale

---

❶　VICKERS C M. The applicability of the Droit de Suite In the United States ［J］. Boston College International and Comparative Law Review, 1980（3）：433, 438.

❷　李明德, 黄晖, 闫文军. 欧盟知识产权法 ［M］. 北京：法律出版社, 2010：263.

Right"，即转售版权。

1920 年，法国最先在国内以立法的形式正式保护了作者的追续权，随后又在罗马召开的《伯尔尼公约》修订会议上提出应当在公约中加入追续权条款。然而，该项提议却遭到了许多国家的反对。例如，挪威和芬兰的代表们明确表示没有设立追续权的必要，英国声称其法律准备不足，而荷兰则认为"追续权"并非一个版权问题不应在《伯尔尼公约》中予以规定。❶ 最终，经过反复的讨论和博弈，追续权条款还是出现在了 1948 年的《伯尔尼公约》布鲁塞尔文本中，但该条款并非强制性条款，各国可以作为互惠条款选择性地实施。❷

现行法国知识产权法典关于追续权的规定，是基于其 2006 年颁布的信息社会中的著作权与邻接权法第 48 条的内容制定的，该法意在完善国内立法以适应欧盟 2001 年颁布的关于追续权指令的要求。法国知识产权法典第 L122 - 8 条规定："尽管作品原件已经由作者或其权利继承人转让，如果艺术品市场的专业人员以卖方、买方或者中介身份介入，平面及立体作品原件的欧盟成员国或欧洲经济区成员国公民作者，享有追续权，即对任何转售该作品所得收益有不可剥夺的分享权。"❸ 相较于之前的法律制度，现行规定丰富了追续权的权利主体，并扩展了适用条件。❹

---

❶　1 Sam Ricketson & Jane C. Ginsburg, International Copyright and Neighbouring Rights: the Berne Convention and Beyond §11. 61 (2d ed. 2006).

❷　Berne Convention for the Protection of Literary and Artistic Works Art. 14bis, Sept. 9, 1886, as revised June 26, 1948. 《伯尔尼公约》现行文本第 14 条之三规定："一、对于作家和作曲家的艺术原作和原稿，作者或作者死后由国家法律授权的人或机构，享有从作者第一次转让作品之后对作品的每次销售中分享盈利的不可剥夺的权利。二、只有在作者国籍所属国法律允许的情况下，才可对本联盟某一成员国要求上款所规定的保护，而且保护的程度应限于向之提供保护要求的国家的法律所规定的程度。三、分享利益的方式和比例由各国法律自定。"

❸　法国知识产权法（法律部分）（第 L122 - 8 条）[M] //十二国著作权法. 北京：清华大学出版社，2011：73.

❹　何蓉. 法国追续权制度研究及借鉴 [J]. 电子知识产权，2016 (6).

从上述条款可以看出，追续权在法国是一项不可剥夺的权利。尤其值得注意的是，在法国无论是追续权的产生还是法律对其进行保护的条件，均与艺术商的参与相关。

与法国相同，德国也在其著作权法中规定了追续权。德国著作权法第 26 条规定，美术作品原件被再次转让时，如果有艺术商或者拍卖商参与，则作者可以获得转让的部分所得。不仅如此，德国还规定了追续权支付金额计算的差额比例规则，并指出追续权是不可转让和事先放弃的。❶ 相较于法国和德国，意大利对于追续权的规定更为全面。在意大利著作权法通则中，专门设置了一节共 12 个条款规定追续权，不仅规定了追续权是艺术品作者和手稿作者在任何有艺术商参与的转让情形时均享有获酬权，以及具体金额的计算方式和收取方式，❷ 还规定了相应的程序性内容，例如，意大利著作权法第 153 条规定：相应的出售者、买受人或中介等人应向意大利作者和出版者协会（SIAE）进行申报并提供相应的资料。❸

上述欧洲国家对追续权的规定，一方面，强调了追续权是一种不可剥夺或转让的权利，体现出大陆法系国家对于作者精神权利的尊重和保护；另一方面，要求相关交易必须包括艺术商的参与，以此作为追续权行使条件，这体现出追续权制度实际上是法律调节艺术家与艺术商关于艺术作品增值利益分配的手段。各国追续权制度内容大致相似，可以归功于 2001 年欧盟颁布的《欧洲议会和理事会 2001 年 9 月 27 日关于艺术品原作的作者追续权

---

❶　德国著作权法（第 26 条）［M］//十二国著作权法 . 北京：清华大学出版社，2011：152.

❷　意大利著作权法（第 144 – 155 条）［M］//十二国著作权法 . 北京：清华大学出版社，2011：323 – 325.

❸　意大利著作权法（第 153 条）［M］//十二国著作权法 . 北京：清华大学出版社，2011：325.

的 2001/84/EC 指令》（以下简称《欧盟追续权指令》）。❶ 在其影响下，作为英美法系国家代表之一的英国，也在 2006 年通过了艺术家追续权条例（*Artists' Resale Right Regulations*，*ARR*），开始对追续权进行保护。

在美国，情况却有所不同。美国并非欧盟成员国，可以不像英国一样遵循欧盟的指令进行立法。不仅如此，美国虽然是《伯尔尼公约》的成员国，但是该公约未对追续权条款作强制性规定，因而美国也不必迫于履行公约义务，而加入追续权条款。即便如此，美国对于追续权制度的全球化趋势也并非无动于衷。早在 1978 年，美国联邦层面就出现了关于追续权制度的立法请求。❷ 参议员爱德华·肯尼迪（Edward Kennedy）于 1987 年提出了著名的视觉艺术家权利法案（*Visual Artists Rights Act of* 1987），该法案即包含作品的转售版权条款。然而，国会在对该法案进行立法时，却移除了转售版权的相关条款，最终通过了 1990 年视觉艺术家权利法案（Visual Artists Rights Act of 1990，VARA）。在该法案第 608（b）节中，特别指定版权局对未来的转售版权立法的可行性进行咨询。于是，版权局为了回应该内容，在 1992 年作出了关于追续权制度的调查报告。该报告指出，尚未有足够的经济原因和版权政策原因表明可以在美国建立追续权制度。❸ 随着时间的推移，为了重启对联邦转售版权的讨论，参议员赫布·柯尔（Herb Kohl）于 2011 年提出了视觉艺术家平衡法案（Equity for Visual Artists Act of 2011，EVAA），并要求版权局再次审视追续权制度。❹ 因此，美国版权局对追续权制度进行了

---

❶ Directive 2001/84/EC of the European Parliament and of the Council of 27 September 2001 on the resale right for the benefit of the author of an original work of art.

❷ Visual Artists' Residual Rights Act of 1978, H. R. 11403, 95th Cong. (1978).

❸ U. S. Copyright Office, Droit De Suite: The Artist's Resale Royalty. at 194 (Dec. 1992).

❹ S. 2000, 112th Cong. (2011); H. R. 3688, 112th Cong. (2011).

第二次评估，并于 2013 年发布了其研究报告。与前一次评估不同的是，此次版权局在其报告中明确地支持了建立转售版权的建议。❶ 虽然至今为止，在美国仅有加利福尼亚在州一级的立法中通过了对转售版权的保护，但是，多年来的立法评估和准备工作，促进了对追续权的理论和现实问题的探讨，这对于追续权问题的理论研究大有裨益。

四、追续权产生原因之反思

纵观追续权的保护历史不难发现，艺术创作赞助体系的衰弱的确推动了艺术作品的市场化。而在此过程当中，由于受到艺术作品本身价值的不确定性以及艺术家议价能力的限制，艺术家逐步陷于贫困的境地，而艺术商人这一中介行业却借助艺术家的创造变得富有起来。为了改变这一情况，产生了追续权制度。据此，有学者研究指出："追续权制度是前著作权时代艺术创作赞助体系衰弱的结果。"❷ 此言不虚，然而，之所以需要依靠追续权来替代原有的赞助体系，是因为赞助体系以其独特方式弥补了法律制度中关于处理艺术作品增值利益分配问题的缺失。若赞助体系消失，则艺术家的利益岌岌可危。此时，本应调节利益分配矛盾，直至达到分配公平状态的法律终于挺身而出。

正如李雨峰教授所言："追续权的设置是法律在自由与公平价值之间的一种平衡，其法律政策在一定程度上体现了立法部门的再分配功能。"❸ 在艺术作品的商业化发展过程中，受艺术作品原件唯一性、价值不确定性以及其独特商业模式的影响，艺术家议价能力不足的确可能使其逐步陷入贫困。然而，立法保护艺

---

❶ U. S. Copyright Office, Resale Royalties: an Updated Analysis. at 65 (Dec. 2013).

❷ 李雨峰. 论追续权制度在我国的构建：以《著作权法》第三次修改为中心 [J]. 法律科学，2014 (1).

❸ 李雨峰. 我国设立追续权制度的必要性 [J]. 中国版权，2012 (6).

术家的追续权并非源于对作者的同情（贫困或议价能力不足），而是其公平分配作品利益的职责使然。换言之，艺术家独有的窘境的确令人唏嘘，❶虽然有学者认为，法律设立追续权是希望通过经济上的刺激，来鼓励优秀艺术作品的创作，❷但是追续权的产生并非基于"饥饿的艺术家"神话，也非为鼓励创作，而是受艺术作品增值利益分配公平的使命所驱动。因而，在对于追续权问题进行研究时，首先应当明确的是：追续权制度产生的原因抑或是其产生的必要性，不应停留在"饥饿的艺术家"神话——对艺术家贫困的同情，而应当追寻更为深层次的原因——法律对艺术作品增值利益分配的功能。即法律应当对艺术作品产生的增值利益进行分配，以此调和艺术家与艺术商人之间的利益分配矛盾。因而，追续权的建立源于著作权法的利益分配功能。

第二节　艺术品增值利益分配的挑战

追续权的设立，弥补了法律对艺术作品增值利益分配功能的缺失。从制度层面，给予艺术家依靠自己创作获酬的权利保障，其必要性是值得肯定的。该制度的设立，无疑是一种进步。然而，新事物的产生，往往会遭遇各种各样的质疑。在利用追续权对艺术作品的增值利益进行分配之时，出现了众多的质疑。如前所述，反对增设追续权的主要理由集中于：追续权的存在不仅违背了版权权利穷竭原则和契约自由原则，❸还可能会对物权产生限制，并对艺术品交易市场造成不良影响。为了探求追续权制度设立的合理性和可行性，下面将针对上述反对观点分别进行

---

❶ 李琛. 第二回：求生计米勒恩埋半世名，感悲情法律新设追续权 [J]. 科技与法律，2004 (2).

❷ 周林. 关于艺术品"追续权"的再思考 [J]. 中国拍卖，2016 (5).

❸ RUB G A. Rebalancing copyright exhaustion [J]. Emory Law Journal, 2014 (64)：741.

讨论：

一、权利穷竭原则的挑战

由于知识产权是一项垄断性的权利，知识产权的扩张常常会引发人们对知识过度垄断的担忧。作为一种私权，知识产权的权利人可专有其利。如果过于迷信知识的专有性，则会危害到知识产品的自由流通，进而增加公众接触知识的成本，对知识的传播造成不良的影响。版权的权利穷竭原则，正是基于这一担忧而形成的。

早在 20 世纪初，美国就已经注意到版权的权利穷竭（exhaustion of right）问题，❶并将版权的权利穷竭原则规定于1909 年的美国著作权法之中。❷版权的权利穷竭是指：对于经过版权人许可而投放市场作品的复制品，版权人无权再控制它们的进一步转销、分销等活动。❸德国著作权法也规定：如果作品（原件或复制件）经权利人许可进入了市场，则该作品（发行的原件和复制件）随后的发行、分销等，权利人无权干涉。❹也就是说，在著作权法中权利人所享有的发行权只能行使一次。发行权属于使用一次即用尽的权利，该原则在《伯尔尼公约》和TRIPS 中也均有体现。❺

权利穷竭原则最大的优点在于减少信息的搜寻成本，使消费者购买产品时能了解到该产品清晰的产权边界。权利穷竭原则的缺失，有可能造成经济学上的"柠檬市场"（The Market for Lem-

---

❶ Bobbs – Merrill Co. v. Straus, 210 U. S. 339（1908）.

❷ Copyright Act of 1909, ch. 320, §41, 35 Stat. 1075, 1084（later codified as 17 U. S. C. §41（1926））（repealed 1976）.

❸ 郑成思. 知识产权论（第三版）[M]. 北京：法律出版社，2003：357.

❹ 德国著作权法第 17 条。

❺《伯尔尼公约》第 9 条、TRIPS 第 13 条。

ons）。❶ 具体到著作权法领域，"权利穷竭"应当是需要遵循的一项重要原则，任何作品的原件或其复印件在投入市场后，权利人不能干扰该作品后续的市场交易和流通。艺术作品也属于作品，艺术家虽然是艺术作品的创造者，但其依然要受到权利穷竭原则的约束，不可限制艺术作品原件的后续交易。然而，有学者认为：追续权的存在，会使得艺术家凭借法定权利影响艺术作品的后续销售，因为追续权可能会增加艺术作品的销售成本，从而影响艺术品交易双方的价格决策，继而对艺术品的贸易自由产生一定干扰。❷

实际上，版权的权利穷竭原则旨在防止版权权利人阻止作品的流通。而追续权的出现，的确会对艺术作品的销售产生一定影响。但是，这种影响并非一种阻碍，也非一种具有绝对控制力的影响。因为追续权制度绝非将艺术作品的转售所得全部交给艺术家，也并非将转售所得的增值部分悉数给予艺术家，甚至不将转售的增值利益中的大部分分配给艺术家。艺术家通过追续权获得的经济利益相对于艺术品的售价，或者转售人的所得而言，仅仅只是很小的一部分。这一小部分的金额，并不足以扭转艺术品交易双方对该交易是否进行的决定，或者可以说对双方是否进行交易的影响是微不足道的。换言之，追续权并不能使艺术家控制艺术作品的后续转售，也不会破坏艺术品在市场上的流通。不仅如此，艺术家也并没有通过追续权而再次行使本已使用过的发表权。因而，从表面上看，艺术家虽然"染指"了艺术作品后续销售的利益，但从本质上讲，艺术家的追续权并不违背版权的权利穷竭原则，仅仅是借助追续权制度来参与作品增值利益的公平

---

❶ 柠檬市场也称次品市场、阿克洛夫模型，是指信息不对称的市场。即在市场中，产品的卖方对产品拥有比买方更多的信息。RUB G A. Rebalancing copyright exhaustion [J]. Emory Law Journal, 2014 (64)：741.

❷ 李开国，黄家镇. 造型艺术作品追续权制度研究 [J]. 云南大学学报（法学版），2004 (4).

分配。上一章所讨论的视听作品作者的二次获酬权，实际上也是对作品增值利益分配的方式之一，其与追续权相同，并未违反版权的权利穷竭原则。

二、契约自由原则的挑战

如前文所述，作者行使追续权并不违反权利穷竭原则。然而，追续权的建立对契约自由原则的挑战，成为反对者攻击该制度的另一个重要方面。

正如英国学者亨利·梅因（Henry Sumner Maine）所言："所有进步社会的运动，到此处为止，是一个'从身份到契约'的运动。"● 无论是美国的《独立宣言》还是法国的《人权宣言》，都体现了著名的"社会契约论"思想，即社会秩序来源于共同的原始、朴素的约定，公约并不摧毁自然的平等，而是保证人人平等。● 可见，契约理论在政治经济学中具有举足轻重的地位。不仅如此，契约自由原则在近现代的民法理论中也备受推崇。契约自由理论的渊源可以追溯到罗马法，● 直至19世纪，契约自由原则成为契约法的基本原则。该原则是指：合同的订立应当以订约双方合意为基础，并且该合意不受外部力量的规范。● 契约自由原则包括缔约自由、选择相对人自由以及契约内容自由等内容。● 西方国家向来遵循契约自由原则，并以此建立起本国的民法，如法国民法典、德国民法典等。因而在当今的民法理论中，契约自由被认为是一项神圣不可侵犯的原则。

在艺术作品增值利益分配领域内，艺术家与艺术商基于艺术

● 梅因. 古代法［M］. 沈景一，译. 北京：商务印书馆，2010：112.

❷ 卢梭. 社会契约论［M］. 李平沤，译. 北京：商务印书馆，2016：28.

❸ 马俊驹，陈本寒. 罗马法契约自由思想的形成及对后世法律的影响［J］. 武汉大学学报（哲学社会科学版），1995（1）.

❹ 苏号朋. 论契约自由兴起的历史背景及其价值［J］. 法律科学，1999（5）.

❺ 姚新华. 契约自由论［J］. 比较法研究，1997（1）.

作品的销售订立了契约，该契约履行完毕之后，艺术商往往会将艺术作品转售给他人。而艺术作品的增值利益，即产生于该作品的流转过程中。此时，如果转售价款达到一定的数额，艺术家便可以依据追续权，向艺术商请求支付部分转售所得。在追续权的行使过程中，艺术家实际上早已依照约定，将艺术作品原件出售给他人，而且该契约早已履行完毕。如果艺术家和艺术商之间的契约，是依照契约自由原则签订的，那么艺术家就不能因为后续的转售行为，而向艺术商索取相应的价款。因为在当初的合同中，艺术品的销售价格是双方协商制定的，是契约自由的体现。不仅如此，艺术家基于在先合同而主张在后转售的价款所得，并没有相应的契约理论支持，此行为违反了当初订立的合同，显然是违背契约自由原则的。

然而，上述观点基于这样一种假设，即艺术家与艺术商在签订契约之时，是遵循契约自由原则的。由于契约自由原则与缔约主体各方的平等地位是不可分离的，因而契约自由原则要求缔约各方在地位上是平等的。正如洛克（Locke）所言："同等的人们既毫无差别地生来就享有自然的一切同样的有利条件，能够运用相同的身心能力，就应该人人平等，不存在从属或受制关系……"❶换言之，正因为人们与生俱来的平等，才使人们可以不受他人制约，真正地享有自由。然而，形式上的平等和实质上的平等往往并不一致，在艺术品交易市场中也是如此。例如，当艺术商手握销售渠道时，不知名的艺术家相比艺术商而言，其交易地位就处于劣势。该艺术家与艺术商订立合同时，双方的地位显然是不平等的。艺术家处于缔约的劣势地位，亦因此缺乏议价能力。此时，该合同的内容（如艺术品的价格）并非缔约双方真实的意思表示。换言之，该合同的订立并未遵循契约自由原

---

❶ 洛克. 政府论（下篇）[M]. 叶启芳，瞿菊农，译. 北京：商务印书馆，2014：3.

则。因而艺术家行使追续权，也并未违反该原则。

退一步讲，如果上述假设是成立的，即艺术家在订约之时与艺术商享有同等的市场地位，其议价能力并不存在问题，那么艺术家必须遵循契约自由原则而不应获取后续的艺术作品增值利益么？

如果艺术家与艺术商基于平等的地位，经过自由协商订立了艺术作品原件的首次销售合同，一般而言，该合同的内容即反映了双方真实的意思表示。那么，基于意思自治基础之上签订的契约，自然应当受到契约自由原则的保护。但是，在艺术作品的交易中，艺术作品的定价过程就像"浮动的掷骰子游戏（floating crap game）"。❶艺术品的价格并不取决于某一客观要素，而是随着消费者品位的变化而波动，且这种品位的变动是隐形且难以预见的。❷作为艺术品首次销售合同的订约方，艺术家与艺术商或者其他交易方，遵循契约自由原则订立了合同，并依约将该合同价款付清、作品交付履行完毕。然而，艺术品交易订约之时的作品价格，未必真实地反映了该作品的实际价值。例如，作品的转售价格相比初次销售价格而言若高出许多，即反映出该作品的初次售价没能体现其实际价值。此时，尽管艺术品初次交易双方在地位上是平等的，交易过程是遵循契约自由原则进行的，但是其交易结果却是不公平的。因而，作品在后续出现增值利益时，若出于分配正义的考量，则艺术家可以要求进行增值利益的分配。

追续权并非唯一一个为了追求公平，而违反契约自由原则的制度。在契约自由至上的美国，其著作权法中就存在一项与追续权相类似的"违背"契约自由原则的制度，即版权转让及许可

---

❶　BAUMOL W J. Unnatural value：Or art investment as floating crap game［J］. AmericanEconomic Review，1986，76（2）：10 - 14.

❷　左罗妮. 当代艺术经济学［M］. 管理译，王家新，校. 大连：东北财经大学出版社，2016：127.

使用协议的终止制度。❶ 该制度是指：著作权人通过协议将其著
作权转让或许可给他人使用的情况下，自该转让或许可使用协议
签订之日起 35 年后的 5 年期限内（协议中如包含作品出版权的，
则依协议出版之日起算 35 年或自协议生效起 40 年后起算，并依
照在先到达的时间为准），著作权人可以终止该转让或许可使用
协议。❷ 如果存在相反的协议，诸如订立遗嘱协议或者再转让预
约等情况，原协议仍然可以被终止。不仅如此，该项权利还是一
种不可剥夺的权利。当然，该项权利的实施，必须严格按照法律
的规定进行。例如，终止的通知必须包含版权登记机关所要求的
内容，并以规定的形式以及方法进行，否则将被认定为无效。❸

终止制度的建立，旨在为作者或其继承人提供一个重新获取
作品相关利益的机会。作者或其继承人可以利用终止权与原协议
被许可方进行协商，并重新签订许可使用协议。❹ 此时，新协议
的签订并不必然使作者或其继承人丧失原协议的终止权，❺ 只有
在新的协议完全取代原协议时，其针对原协议的终止权才归于消
灭。❻ 从终止权的内容及运行方式不难看出，作者对作品后续利
益的公平分享，是美国版权制度所保护的重要内容之一。因而，
尽管在以契约自由为立国之本的美国，如果是出于公平的需要，
也会对契约自由原则进行一定的限制。实际上，契约自由从产生
之日起，就不是一种绝对的自由。正如王泽鉴先生所言："一部
契约自由史，就是契约如何受到限制，经由醇化，而促进实践契

---

❶ 美国著作权法第 203 条。

❷ 87 ALR, Fed. 2nd Series 1, Statutory Notice of Termination of Copyright Grants Under Copyright Act, 17 U. S. C. A. § 203. (2014).

❸ 17 U. S. C. A. § 304 (c).

❹ 87 ALR, Fed. 2nd Series 1, Statutory Notice of Termination of Copyright Grants Under Copyright Act, 17 U. S. C. A. § 203. (2014).

❺ Classic Media, Inc. v. Mewborn, 532 F. 3d 978, 87 U. S. P. Q. 2d 1321 (9th Cir. 2008).

❻ DC Comics v. Pacific Pictures Corp. , 545 Fed. Appx. 678 (9th Cir. 2013).

约正义的纪录。"契约自由应当受到限制，无限制的自由是契约制度的自我扬弃。❶

虽然契约自由原则在民法中具有举足轻重的地位，但是倘若缔约方地位不平等，即该契约并未遵循契约自由原则而签订，那么缔约方当然可以对契约的内容进行修改。在艺术品交易中也是如此，如果作者在艺术品首次销售时处于劣势地位，其议价能力受限，则当该作品再次销售后的价格远高于其初次销售价格时，作者当然有权获取相应的作品增值利益。此时，作者通过追续权获取作品再次销售的增值利益，并未对契约自由原则造成任何伤害。而假若缔约方之间的地位是平等的，而由于艺术品价值体现的特殊性，造成再销售价格明显高出首次销售价格，那么则体现出作品首次销售价格未能真实反映出该作品的价值，若果不将相应的后续销售所得分与作者，对于作者来说显然是极为不公平的。因而，此时对契约自由原则进行一定的限制，目的是能让作者通过追续权，公平地获取作品的增值利益，这符合法律对分配正义的追求。

三、物权的挑战

追续权作为一项法定权利，公然对抗契约自由原则，源于其对分配正义的追求。不仅如此，其对物权也造成了一定的影响。艺术作品交易中，艺术品原件会随着交易的完成而转移交付，此时的买方拥有并实际占有艺术品原件，并享有交易所带来的完全所有权，即占有、使用、收益和处分该作品原件的权利。而当其出售该艺术品原件时，如果作者享有追续权，则该转售人不得不将其部分收益分配给作者。此时的转售人，即通过与作者进行交易获取艺术品原件所有权之人，本应享有艺术品原件的物权，并据此获取交易中的全部价款。因此，追续权的存在，却给转售人

---

❶　王泽鉴. 债法原理［M］. 北京：中国政法大学出版社，2001：74.

的物权带来了一定的限制。反对追续权入法的学者由此认为，物权是绝对的，追续权的出现，给绝对物权造成了限制，因而质疑追续权存在的合理性。

如前文所述，为了追求分配正义而向契约自由原则发出挑战，并非追续权所独创，也并非域外国家的专利。在我国古代的现实生活中，即存在为追求公平正义，而对抗契约自由原则，并对物权造成一定限制的行为。可能，从表面上看，我国并不像美国那样注重契约自由。但实际上，从古代起，我国就十分强调契约的自由与平等。❶ 虽然在清代，并不存在"契约神圣"的法律信仰，但是契约原则却是清代户、婚、田、债律例中最重要的制度性因素。❷ 例如，《大清律例》中即对田宅契约作了诚信的要求，即不得重复典卖田宅。❸ 不仅如此，在钱债制度中，还对欠债不还的违约行为设定了处罚罚则。❹

尽管如此，在"民有私约如律令"的朴素思想下，一种名为"找价"的现象依然频发，❺ 康熙年间的嘉兴知府卢崇兴对此

---

❶ 霍存福，刘晓林．契约本性与古代中国的契约自由、平等：中国古代契约语言与社会史的考察 ［J］．甘肃社会科学，2010（2）．

❷ 汪雄涛．清代律例原则中的利益平衡 ［J］．湖北大学学报（哲学社会科学版），2010（2）．

❸ "若将已典卖与人田宅，朦胧重复典卖者，以所得（重典卖之）价钱，计赃，准窃盗论，免刺，追价还（后典卖之）主。田宅从原典买主为业。若重复典买之人及牙保知（其重典卖之）情者，与犯人同罪，追价入官；不知者，不坐。"户律，"典买田宅"条，参见：大清律例 ［M］．田涛，郑秦点校．北京：法律出版社，1999：198.

❹ "其负欠私债，违约不还者，五两以上，违三月，笞二十，每一月加一等，罪止笞四十；五十两以上，违三月，笞二十，每一月加一等，罪止笞五十；百两以上，违三月，笞三十，每一月加一等，罪止杖六十，并追本利给主。"户律，"违禁取利"条，参见：大清律例 ［M］．田涛，郑秦点校．北京：法律出版社，1999：263.

❺ 在《清代土地占有关系与佃农抗租斗争》中，记载了一些多次找价的个案，此行为在清代的田宅交易中实属常见。第一历史档案馆，中国社会科学院历史研究所．清代土地占有关系与佃农抗租斗争 ［M］．北京：中华书局，1988：303，326、367、378.

就多有怨言。❶ "找价" 是指卖主向买主追加对价的一种行为，❷ 卖主成功找价后往往还会立契为证。例如，在康熙六十年，武进县的刘文龙就立有一份找价之契："立卖契刘文龙，向有惊字号平田一亩八分，卖与陈名下收租。今因原价轻浅，央中找得钱一两整，其田仍照契，业主收租。立此存照。"❸ 这片绝卖的田地，在康熙六十年因 "原价轻浅"，成功找价一两银子。而到了乾隆十四年，卖主再次找到了买主："又立找契刘文龙，向有惊字号平田一亩八分，卖与陈名下，原价轻浅，找过一次，仍未敷足，今再央中向找银七两，前后共银十五两。自找之后，田虽原主承种，如有租息不清，听凭业主收回自耕。恐后无凭，立此存照。"❹ 此次卖主又向买主要得十四两银子，理由是 "仍未敷足"。之所以可以针对已完成的交易，一再更改原契进行找价，源于卖主初次售卖价格过低，即 "原价轻浅"，以及找价过后的 "仍未敷足"。可见，虽然在清代的律例中，对契约自由与合意等内容多有规定，但是民众依然可以自发地对不等价的交易进行修正，这也说明了 "等价在契约体系中的位阶高于自由与合意"。通过 "找价"，卖主获得了原契约中定价过低的补偿，可以说该行为对买主的物权造成了直接的限制。且不论当时的法律是否对物权及契约自由进行了规定，也不论该行为是否能够得到官府的支持，仅从买卖双方愿意立契找价的这一现象出发，便可得知：在我国古代，民众对公平的追求超越了对物权和契约自由

---

❶ "本府莅任以来，每阅投词，多有此等之事，从未准理。间有架词朦准，及至鞫实，则系陈事，或业已数传，或产更他售，或额废而新经缔构，或破败而另行修造，久历年所，犹复藉口呶呶。"（清）卢崇兴. 守禾日记（卷三），"一件严禁田房加价以遏刁风以莫民生事"。

❷ 汪雄涛. 明清法律规则中的利益平衡 [J]. 当代法学，2009（6）.

❸ 张传玺. 中国历代契约会编考释 [M]. 北京：北京大学出版社，1995：1213.

❹ 张传玺. 中国历代契约会编考释 [M]. 北京：北京大学出版社，1995：1250.

的崇拜。

古代的田地买卖尚且如此，在追求公平正义的今天，追续权作为作者及其继承人分享作品利益的方式之一，其行使不仅可以对不公平的契约进行纠正，还可以使作者参与到其创作作品利益的公平分配当中去。虽然追续权并未违反权利穷竭原则，但事实上对契约自由和物权的确会产生一定的限制。然而，契约自由与物权并非完全没有限制的。追续权制度出于对公平的追求，而对二者产生限制，可以说是一种制度的进步。

通过上述针对追续权反对者提出的观点进行论证，可以看出：首先，追续权并非反对者声称的那样违反权利穷竭原则。其次，在面对追续权限制契约自由和物权的指责时，我们应当清醒地认识到从来没有绝对的权利和绝对的自由。最后，应当明确，追续权对契约自由和物权的限制，源于其对艺术作品增值利益分配公平的追求。追续权的制度合理性以及其设立目的，恰好也在于此，即追续权对现有制度的冲击背后是对分配公平的追求。

四、艺术品交易市场的挑战

在阐述了追续权存在的必要性和合理性基础之上，有必要对追续权制度的可行性问题进行思考。早在该制度建立之初，就有反对者提出：追续权的设立会对艺术品交易市场带来不利的影响，事实果真如此么？

自从追续权制度在法国建立至今，世界上已有几十个国家和地区遵循追续权制度的原则和框架，建立起相应的艺术品增值利益分配制度。❶ 虽然理论界对实施效果的预估众说纷纭，莫衷一是，但事实证明，追续权制度的建立并未给艺术品市场带来悲观

---

❶ U. S. Copyright Office，Resale Royalties：an Updated Analysis. p. 2（Dec. 2013）.

者所说的不良性影响，反对的声音实际上是被夸大了的。❶ 英国知识产权局委托独立公共研究机构——知识产权协会（the Intellectual Property Institute）对最初实施转授版权的影响进行研究认为：没有证据表明转授版权影响英国的艺术品交易市场。❷ 美国艺术家权利协会（ARS）主席也指出：追续权制度自设立以来，欧洲艺术品市场在全球艺术品市场中所占份额的确有所下降。然而，英国、法国和德国的艺术品销售却显著地增加。事实上，欧洲艺术品市场份额减少的主要原因，是中国艺术品市场份额的增长，与追续权制度的设立无关。❸ 法国艺术家权利协会（ADAGP）总干事也表明：追续权制度的实施，并没有给欧洲艺术品市场带来负面的影响。❹

从全球范围内的实施效果上看，追续权制度的建立并未给艺术品市场带来反对者所担忧的负面影响。实际上艺术作品源于艺术家的创造，在经历了一段艺术商人作为中介，低买高卖艺术作品来获取高额利润的时期之后，由艺术作品产生的增值利益，终于可以公平地被分配至艺术家的手中，这并不会为艺术品的交易带来不利的影响。恰好相反，由于追续权制度的存在，越来越多的艺术家，更愿意将自己的艺术作品原件，销售给那些拥有追续权制度国家的买方。这在实际上，反而促进了那些建立追续权制度国家的艺术品交易市场发展。

因此，追续权的设立不仅具有必要性，还有合理性和可行

❶ U. S. Copyright Office, Resale Royalties: an Updated Analysis. p. 66 (Dec. 2013).

❷ GRADDY K, HOROWITZ N, SZYMANSKI S. A Study into The Effect on the UK Art Market of the Introduction of the Artist's Resale Right [EB/OL]. [2019－12－20]. http://www. ipo. gov. uk/study－droitdesuite. pdf.

❸ Artists Rights Society (ARS), Comments Submitted in Response to U. S. Copyright Office's Sept. 19, 2012 Notice of Inquiry at 1 (undated) (ARS Comments).

❹ VAGA. Comments Submitted in Response to U. S. Copyright Office's Sept. 19, 2012 Notice of Inquiry at 1 (Dec. 1, 2012).

性。其必要性源于艺术作品增值利益分配的需要，合理性源于对作品增值利益公平分配的追求，而可行性则在于其不会对相关产业带来负面的影响。通过对第一部分内容的讨论，揭示出追续权设立的必要性，而通过对追续权合理性的探讨，又揭示出追续权制度的设立目标，即保障艺术作品增值利益的公平分配。当然，以上论述仅仅是在衡量是否应当设立追续权，以及该制度的设立目标等相对原则性的内容，而具体的制度构建也是需要我们进一步进行思考的。

第三节　艺术品增值利益分配的制度构建

既然艺术作品产生的增值利益，需要进行公平的利益分配，那么，作为利益分配方式之一的追续权，究竟应当如何进行构建方可以实现分配公平的目标呢？实际上，追续权所参与分配的艺术作品增值利益，是艺术作品原件转售所得的超出原始售价的那部分利益，通俗说来就是艺术作品价格的增值部分。既然如此，艺术作品增值利益的分配，自然离不开对艺术作品本身价值以及价格的衡量。

一、艺术作品价值衡量的困境与选择

在艺术品交易市场上，关于艺术品的价格与自身价值的关系问题，存在两种不同的学派——价值学派和市场学派。价值学派认为：艺术商品同普通商品一样，基本上受价值规律的支配。❶艺术作品成为商品时，和普通商品一样具备价值和使用价值。艺术品的价值，即为凝结在艺术作品当中的一般的无差别的人类劳

---

❶　王家新，傅才武. 艺术经济学［M］. 北京：高等教育出版社，2014：36，37.

动的单纯凝结,❶ 并通过交换价值得以独立表现。❷ 同时,艺术品的使用价值作为交换价值的物质承担者,表现为艺术作品的有用性,❸ 需要利用社会必要劳动时间,对其进行衡量。当然,由于艺术作品消费的最终结果,可以对人类社会进步进行推动,因而艺术作品的流通除了受到经济因素的制约外,还会受到社会和文化思潮等的制约。❹ 相应地,艺术作品的价值,也包含市场价值和艺术价值等多元化的价值内涵。价值学派认为:真正具有价值的艺术品最终会得到人们的认同,而认同的过程被其称为"艺术品的价格向其真实价值回归的过程"。❺

而市场学派则认为"价值"这一概念太过玄乎,艺术品的价值是人们对其进行的主观评价,"取决于其他人愿意支付的价格",❻ 市场学派认为是市场决定了艺术品的价值。❼ 由于艺术品的价值构成不仅包含一定时期的生产力和生产关系,还包括艺术家自身知识、能力、技巧等创造要素及其储备,因而艺术品的价值形成具有特殊性,其在使用价值和价格变化等方面也同一般的商品有所区别。艺术品价值的特殊性,决定了其并不完全受到价格规律的约束,使用价值和交换价值并不一定成正比。实际上,马克思在《剩余价值理论》中也认同:"非物质劳动的产品与物质劳动的产品不受同一规律的支配。"❽ 尽管艺术品价值的构成如此特殊,市场学派在总体上还是承认:艺术品的交易应当遵循

❶ 马克思恩格斯全集 (第23卷) [M]. 北京:人民出版社,1972:51.

❷ 马克思恩格斯全集 (第23卷) [M]. 北京:人民出版社,1972:75.

❸ 马克思恩格斯全集 (第23卷) [M]. 北京:人民出版社,1972:48.

❹ 庞彦强. 艺术商品价值论 [J]. 河北法学,2004 (6).

❺ 王家新,傅才武. 艺术经济学 [M]. 北京:高等教育出版社,2014:38.

❻ 马建. 艺术品市场的经济学:艺术品市场的魔鬼与天使 [M]. 北京:中国时代经济出版社,2008:27.

❼ 霍洛维茨. 交易的艺术:全球金融市场中的当代艺术品交易 [M]. 张雅欣,昌轶男,译. 大连:东北财经大学出版社,2013:29.

❽ 马克思恩格斯文集 (第3卷) [M]. 北京:人民出版社,1972:57.

以价值为基础的等价交换原则。❶

从上述争论中可以看出，对艺术品的价值进行认定和衡量，是一件极为不易的事情。不仅如此，艺术品价格和价值的背离现象也时有发生。❷ 但是，这并不能说明价值规律在艺术品市场中是完全失灵的。正如价值学派所言，艺术品的价格会逐步向其真实价值回归。市场学派所认同的：以价值为基础对艺术品进行等价交换的观点，与上述价值学派的观点也有相近之处。尽管艺术品价值的形成过程极为复杂，包含的价值具有多元性，但是总体而言，无论是价值学派还是市场学派都认为：艺术品交易的价格依然反映出了艺术品的部分价值。而艺术品的真正价值，往往产生于艺术家自身丰富的人类审美积累。具体而言，其艺术造诣表现为：既能充分体现对前人的继承性，又可全面展示自己的创新性，进而在艺术史上成为新的传统，或成为艺术史上的新典型，被后人加以学习、模仿和追捧。艺术家在艺术品表达上所体现出的个性，使该艺术品拥有了时间价值，随着时间的积淀，该艺术品的价值自然得到升值。换言之，艺术品的价值增值，往往基于其所具备的历史典型性。❸ 因而，很难利用一般意义上的社会必要劳动时间进行衡量。

鉴于艺术品价值的多元性及其价值衡量的困难性，我们不妨另辟蹊径，从艺术品增值利益产生过程的角度出发，对其增值利

---

❶ 刘正刚. 艺术商品价值规律的特殊性研究［J］. 四川省干部函授学院学报，2009（4）.

❷ 庞彦强. 艺术商品价值论［J］. 河北学刊，2004（6）.

❸ 艺术史（历史）典型性：一个艺术家身上积累的人类审美情趣和表现才能越丰富，他越用自己个性化的方式去描述，他的艺术成就越高，他的作品越贵。因为艺术都有历史继承性，在艺术史中哪位艺术家继承越全面同时创新越强烈，他的创新又成为新的传统，那么他对艺术传统的贡献越大，他在艺术史上越典型，他的作品越贵。只有这样，艺术品才有其时间价值，才能成为纯粹持有而升值。马海平. 论艺术作品的商品性和艺术品市场的特殊性［J］. 南京艺术学院学报（美术及设计版），2000（4）.

益的构成要素进行全面的分析，借此解开艺术品的价值之谜。

二、艺术品增值利益的形成过程与要素贡献

一般而言，艺术品增值利益的产生，需要经历以下四个阶段：第一阶段，艺术品的创作阶段。在该阶段中，艺术家通过利用其以往在文化知识、艺术修养、审美能力、个人情感等方面的储备，在自我艺术禀赋影响下，通过一定的表达技巧，创作出一件艺术作品。当然，艺术家的创作常态是自我内在情感的表达，这是一个不需要借助外力的独自创造过程，但偶尔也会伴有外来资本的协助。第二阶段，艺术品的交易准备阶段。在这一阶段中，艺术家往往需要依靠他人的力量对其作品进行宣传。此时，艺术品的营销行为出现了。由此开始，艺术营销便会对艺术品交易的整个过程产生影响。第三阶段，艺术品的交易阶段。艺术品的交易要借助艺术品交易市场完成。一般情况下，艺术家在作品完成之后，会委托画廊等机构进行销售。而当艺术家成名时，艺术品收藏家则会委托拍卖行等机构出让其藏品。这样一来，便形成了艺术品交易的一级市场和二级市场。

艺术品交易的一级市场主要包括画廊、古玩店或古董店等。二级市场主要包括艺术品博览会和拍卖会等。以美国为例，美国的一级市场十分发达，因为美国拥有较为成熟的画廊运营机制，其画廊遍布各大城市，在中小城市中往往也会出现艺术品的专门经营区域。❶ 而在我国，虽然拍卖行业发展起步较晚，但是在域外经验的指引下，我国的拍卖行业得到了迅速的发展。因而相对于并不十分规范的国内一级艺术品市场，我国艺术品交易的二级市场发展更为活跃。通过市场交易行为的完成，艺术品进入了下一个阶段。第四阶段，艺术品的使用及转售阶段。艺术品完成交易后，买方获得艺术品原件的所有权，可以依照自己的物权来行

---

❶　陈林. 美国画廊业生态环境与中国国家关系分析 [J]. 国画家，2005 (3).

使占有、使用、收益、处分等权能。例如，买方可以长期收藏该艺术品原件，对其进行研究，或者将艺术品捐赠给博物馆等机构进行展出。买方还可以将其视为一件投资品，待价而沽，当时机成熟之时将该艺术品在市场上进行高价转售。高价转售的艺术品相较于其首次出售而言，实现了其价值的增值，产生了作品的增值利益。换言之，经过艺术品的创作、资本介入、管理运营以及使用后的转售过程，艺术品的增值利益便产生了。

在上述艺术品增值利益产生过程中，不同阶段内都有相应主体进行要素投入，正是由于各要素的相互作用，艺术品的增值利益才得以产生。下面分别对艺术作品价值构成的要素进行分析：

（一）艺术品产生过程中的创造要素

正如马克思在论述价值增值过程中所提到的：商品生产过程必定是劳动过程和价值形成过程的统一。❶ 艺术作品首先是由艺术家进行创作的产物，因而艺术家对艺术品的价值形成提供了创造要素。没有艺术家的创造，艺术作品就无法产生，其利益也就无从谈起了。

艺术家对艺术品的创作源于其个人灵感、审美等情感，艺术品的创作过程就是艺术家情感的表达过程，创造要素即在此时被艺术家投入艺术品之中。与其他作品内容或传播方式改变而产生作品增值利益的情况有所不同，艺术品增值利益产生之时，其作品内容以及传播利用方式均未改变。前文已经对艺术品增值利益形成的特殊性进行了说明，在一般情况下，艺术品首次销售的价格只能部分地反映出艺术品的价值，在艺术品的转售过程中，价格逐步接近其真实价值。艺术品在转售过程中价格上涨的部分，除了极个别的情况之外，仍然主要是由该艺术品本身所产生的。因而艺术品增值利益构成要素中，作者的创造要素依然是最为重要的。

---

❶ 马克思恩格斯全集（第23卷）[J]. 北京：人民出版社，1972：211.

（二）艺术品产生及销售过程中的资本要素

在艺术品的创作阶段，有时也会有资本的介入，因为有些经纪人或画廊等机构，愿意资助那些尚未出名的作者进行艺术品的创作，以此换取其成名后作品销售所得的利益。这种投资无疑是具有风险的，因为艺术家的诞生并非人们可以简单预估的。艺术家和艺术品的成名一样具有很大的偶然性，对作者的早期资助可以说是一项高风险的投资。因而，画廊等机构往往利用不同的方式来分散风险。例如，画廊会与艺术家签订独家代理协议，以对该艺术家未来作品的控制来保证收益进而降低投资风险。

休谟曾在《人性论》中指出：人类所有的福利共有三种：一是我们内心的满意，二是我们身体外表的优点，三是对我们凭勤劳和幸运而获得的所有物的享用。然而，第三种福利却是稀少的。[1] 艺术品相对于其他商品而言无疑是稀缺的，人类对艺术品的享用属于休谟所指的第三种福利，而事实上这种福利是少数人可以拥有的。艺术品属于经济学家眼中的"地位性商品"，对于拥有一定社会声望和购买力的人来说，艺术品是其希望获得的商品。[2] 富人可以通过收藏或购买艺术品来满足其对稀有、贵重物品的占有欲望，或以此彰显其高贵的身份和地位。[3] 而对于多数人来说，艺术品是一种奢侈品，因为其价格只有少数富人可以接受。[4] 因而，艺术品原件的产生及交易，并非普通人或普通消费者可以直接参与的。在李嘉图看来：对于稀有的艺术品而言，其价值在价格上表现为"垄断"价格，即艺术品的价格竞争往往

---

[1] 休谟. 人性论（下）[M]. 关文运，译. 北京：商务印书馆，1996：528.

[2] 霍洛维茨. 交易的艺术：全球金融市场中的当代艺术品交易 [M]. 张雅欣，昌轶男，译. 大连：东北财经大学出版社，2013：25.

[3] 弗里登. 作为生产因素的独特商品存在的问题：卢梭谈艺术与经济 [M] // 马奇，古德温. 两难之境：艺术与经济的利害关系. 王晓丹，译，北京：中国青年出版社，2014：45.

[4] 斯密. 国民财富性质和原因的研究（上卷）[M]. 郭大力，王亚楠，译. 北京：商务印书馆，1997：73.

在那些有实力买家的内部展开，并根据其品位、奇想以及财力进行。❶ 可见，艺术品的交易和增值也有资本要素的贡献。

（三）艺术品销售过程中的管理要素

在现代社会，一件艺术品产生之后，如果艺术家希望将该作品投入市场进行交易，往往会选择一些机构对其作品进行相关的管理（包括日常的艺术品存放、展出以及推广运营活动）。在此过程中，"管理人"往往会利用各种手段将该艺术品呈现给更多的潜在购买者，努力地将不同需求的购买者与不同种类的艺术品联系在一起。❷ 管理要素的投入，往往是整个团队通力合作的体现，这与艺术家的独立完成创作有所不同。

以艺术品营销为例，艺术品营销通过适当渠道的推广和宣传，使艺术品得以面向更为广泛的受众，并尽可能地将艺术家的创造适当地展现给最为适合接受的群体。营销活动不仅为艺术品的交易增添了机会，更丰富了人们对艺术品认知的视野。由于艺术品交易市场存在一级市场和二级市场，因而，针对不同的市场，艺术品营销的方式也有所不同。例如，艺术家将其艺术品交由画廊代售，则画廊需要对艺术品进行保管，并在适当的时候对其进行展示，或者直接与潜在的购买者联系，向其介绍该作品的收藏价值等，最终促成交易。不仅如此，艺术品的营销活动在二级市场中也十分活跃。例如，巴塞尔国际艺术博览会（Art Basel），作为最具声望的艺术盛事，每年6月举办为期4天的活动，出售作品数量多达数万件，❸ 该博览会的成功归功于精心策划的

---

❶ 怀特. 欲望的隐秘对象？19 世纪的英国经济学家与"艺术珍品"价格 [M] // 马奇，古德温. 两难之境：艺术与经济的利害关系. 王晓丹，译. 北京：中国青年出版社，2014：62.

❷ 王家新，傅才武. 艺术经济学 [M]. 北京：高等教育出版社，2014：38.

❸ 霍洛维茨. 交易的艺术：全球金融市场中的当代艺术品交易 [M]. 张雅欣，昌轶男，译. 北京：东北财经大学出版社，2013：170.

商业运作以及先进的展览管理。❶ 一个成功的博览会，会吸引众多的画廊花费重金前来参展。艺术博览会在精心策划展览的同时，也会向拍卖商学习相关的销售策略。而拍卖行的销售策略往往也是伴随其熟练的运营技巧，从前期的拍卖策划，到寻找潜在的购买客户，再到为客户全方位介绍艺术拍卖品，直到最终的拍卖成交，无不充斥着拍卖行的管理要素投入。可见，管理要素一直伴随着艺术品销售的整个过程，为艺术品增值利益的产生同样作出了重要贡献。

（四）艺术品转售过程中的使用要素

艺术品经过艺术商、拍卖行或专业营销机构的宣传策划等一系列管理要素投入后，最终被买方购买，交易得以完成。在此之后，有的买方将艺术品视为珍宝进行收藏或捐给博物馆进行展出，而有的买方将其视为一种投资，通过再次销售获取增值利益。在转售的过程中，当然也会有管理要素的投入。除此之外，收藏家和艺术评论家等，也会对艺术品进行使用，而这种使用要素的投入往往也会为艺术品的增值作出贡献。

例如，艺术品批评家，经常会对不同的艺术品进行评判。批评家对一件艺术品的欣赏，可以使得该艺术品的创造者感到成功与满足，❷ 也会间接提升艺术家的知名度。而如果一件普通的艺术品，被社会地位较高、颇具名望的收藏家所收藏，也会对该艺术品知名度的提升有所帮助。如前文所述，画廊、拍卖行等机构以及收藏家和批判家等个人，均以其特有的方式对艺术品或艺术家的知名度进行了投入。与此同时，经济条件和其他环境因素也

---

❶　霍洛维茨. 交易的艺术：全球金融市场中的当代艺术品交易 [M]. 张雅欣，昌轶男，译. 北京：东北财经大学出版社，2013：171.

❷　左罗妮. 当代艺术经济学 [M]. 管理，译，王家新，校. 大连：东北财经大学出版社，2016：44.

对艺术作品的价格起到至关重要的作用。❶ 除此之外，因为在艺术史上影响力越高的艺术品自然越有可能得到增值，而影响力则表现为后人对该艺术家或艺术品风格的学习、模仿以及创新。所以可以说，后人对艺术品的使用（学习和模仿等），也在相当大的程度上促进了艺术品的增值。❷ 申言之，在艺术品转售前，收藏家、评论家等个人对艺术品的使用要素投入，也为艺术品增值作出了重要的贡献。

对艺术品增值利益进行分配，首先需要对艺术品的价值进行衡量。但是，由于传统方式存在一定的局限性，无法利用社会必要劳动时间来量化艺术品的价值。因而，我们只好从艺术品增值利益产生的过程入手，对其利益构成进行细分。在对艺术品增值利益产生过程进行分解后，各阶段内主体的要素投入便自然呈现在我们的眼前。即艺术作品的增值利益，是在其利益链各方主体通力合作产生的，在此过程当中，主体对艺术品增值利益的产生投入了创造、资本、管理和使用这四个要素。

三、艺术品增值利益分配制度的尝试与构建

艺术作品增值利益的产生使得艺术家穷困潦倒的境遇被放大。出于对艺术家的同情以及对现有分配制度的不满，社会各界人士进行着不同的尝试，希望可以改善艺术家贫困的现状，追续权即为法律制度层面的一种尝试。除此之外，还有许多民间组织自发地建立起一些项目，以各种方式为艺术家提供可获利的途径，力求最大限度地保障艺术家的经济利益。

例如，纽约在 2004 年成立了一个名为 "Artist Pension Trust"（APT）的艺术家养老信托项目。该项目的运作模式是：由策展

---

❶ ALDERMAN E C. Resale Royalties in the United States for fine visual artists: an alien concept [J]. Journal of the Copyright Society of the USA, 1992 (40): 265, 270.

❷ 加纳罗，阿特休勒. 艺术：让人成为人（第 7 版）[M]. 舒予，译. 北京：北京大学出版社，2007：135.

人团队审批，经选定的艺术家参与艺术市场专业委员会，每位艺术家在 20 年内投放 20 幅作品。其中，第一个五年每年提供两件作品，随后的五年每年提供一件作品，最后的十年中每两年提供一件作品。❶ APT 通过提供展览、贷款、评估以及管理来提高作品的销售潜力。每售出一件艺术品，艺术家都可以获得净收益的40%，❷ 另外的28%将用于支付管理和行政成本，剩余的32%将被放入一个资金池，用于分配给所有参与者。该项目旨在允许艺术家直接参与艺术作品的长期升值，使其受益于传统金融项目的低风险，即艺术家们通过自己及其他艺术家的成功，为该项目的未来收入分散风险。❸

在 ART 项目中，作者未来收入部分来自自己作品的首次销售的部分价款，另外的收入则来源于其他作者作品销售所得的一部分。相比毫无保障的情况，艺术品信托等项目的确可以在一定条件下分散作者长期收入不稳定的风险，但是并不能确保作者可以获得自己作品的转售增值利益。事实上，正如前文所言，艺术家在创造要素投入下创作出了艺术品。该艺术品在首次销售时，可能在社会审美、自身名气、经济环境等情况的影响下，销售的价格并不十分理想，或者价格不低却远未达到艺术品自身的价值。这种情况并非基于艺术家本人，或是艺术商等中介的过错而产生的，而是由艺术品增值自身的特点决定的。不同人士和机构的尝试，是试图建立起一种新的分配秩序，给艺术家带来更多的收益保障。然而，相对于获取与自己创作艺术品的真正价值相当

---

❶ Artist Pension Trust［EB/OL］.［2019 - 12 - 25］. http：//www. aptglobal. org/en/About/FAQ.

❷ 净收益为售价扣减销售代理的佣金以及未涵盖在销售价格中的其他费用，例如：安装费用、制作费用、任何税费、运输费、增值税或不由买方负担的税费，和不由销售代理商或买方支付的其他销售开支。

❸ U. S. Copyright Office，Resale Royalties：an Updated Analysis. at 70（Dec. 2013）.

的利益而言，其他的尝试不过是杯水车薪。艺术家们真正需要的是可以公平地参与自己创作作品所产生的利益分配。

艺术商等中间人，可以通过佣金等方式，直接或间接地获取艺术品转售带来的增值利益。而艺术作品价值的创造者艺术家，却无缘于自己作品的增值利益，这是极为不公平的。追续权的出现，极大地改变了作品增值利益分配不公的情况。然而，追续权在最初大体是建立在"作者人格在作品之上得以延续"这一基础之上。无论是出于对"饥饿的艺术家"的同情，还是出于对作者议价能力不足的补偿，均不能成为追续权制度的存在基础。在一般情况下，艺术品的增值利益并非基于后人使用时的再创造，或者利用方式多样化而产生新的传播方法所带来的增值。事实上，在艺术品增值时，艺术品本身的内容并未发生改变，利用方式亦无不同。在此情况下，艺术品往往随着时间的沉淀、人们欣赏水平的提高以及作者自身名气的提升等原因产生了增值。艺术品的增值，最直观地表现为其转售价格（或估价）的增加。实际上，这正是艺术品销售价格向其真实价值逐步回归的表现。此时，艺术家应当参与艺术品增值利益的分配，而艺术家的参与，正是基于其对艺术品创造要素的投入。

艺术品增值利益，是由不同主体的创造、资本、管理和使用要素投入产生的。而公平地对增值利益进行分配，就需要将要素贡献进行衡量，将每种要素贡献相应的那部分利益分配至投入要素的主体手中。在四种要素之中，资本和使用要素的投入方，例如画廊和收藏人，在艺术品交易中往往充当的是卖方的角色，其直接掌握着全部的艺术品转售所得，因而资本和使用要素投入的回报可以通过交易而直接获得。❶ 管理要素的投入方，在对艺术品进行宣传运营等管理要素投入时，已经收到艺术品销售方所支

---

❶ 当然，艺术批评家和一些艺术爱好者也或多或少地对艺术品的升值作出了贡献，但其贡献可以获得自身名气、品位、艺术技艺等方面的提升。

付的相应费用（例如宣传费用，拍卖中支付给拍卖行的佣金等）。可见，资本、管理和使用要素的投入者，均可以在市场交易中获得相应的利益分配，唯有艺术家的创造要素投入，无法在市场交易中获得相应的回报，因而只能依靠法律制度对其进行保障。

无创造则无作品，无创造则无艺术。如果艺术家不能参与由其创造要素投入所产生的艺术品增值利益分配，则是极为不公平的，这是法律制度的缺失。追续权的出现弥补了这一制度缺失，但是对追续权的理解不能仅停留在过去，即不能仅对追续权的产生原因作表面上的理解。在对追续权进行具体的制度构建之时，必须首先明确追续权制度设立的理念。而该制度的设计理念应当在公平分配艺术品产生的增值利益这一追续权设立目标的指引下进行构建。在该目标的指引下，应当衡量各主体对艺术品增值利益产生所投入的要素，以此为依据对艺术品的增值利益进行公平分配，并建立起艺术品增值利益分配的新秩序。

世界范围内，为艺术家提供艺术品增值利益分配保障的法律制度当属艺术家的追续权。而追续权制度的设立理念应当为：依据主体投入的要素贡献，对艺术品的增值利益进行衡量。在这一制度理念下，本着公平分配的原则，对我国在追续权的具体制度设置中应当注意以下几点内容：

（一）在《著作权法》中增加追续权

首先，追续权的权利主体，应当包括艺术家及其继承人。在我国《著作权法》中，应增加保护艺术家公平分配作品增值利益的追续权制度。首先，艺术品增值源于艺术家的创作，艺术家理应获得与自己创造要素贡献相当的增值利益，由于这部分收益是可以被继承的，因而艺术家的继承人也可以享有追续权。其次，追续权制度适用的作品类别，应当包括主要依靠销售原件获取利益的作品，并且该作品具备一定的审美价值。最后，追续权的行使不应当仅限于拍卖这一形式，而应当涵盖所有艺术品公开销售的形式。相比于私人间的私下交易，拍卖是一种相对公开的对艺术品进行竞价购买的方式，其公开性更利于艺术家公平地获取艺术品的增值利益。我国拍卖行业的兴盛促进了艺术品交易市场的发展，加速了艺术品的流通。虽然我国艺术品交易的二级市场相对于一级市场而言较为发达，但总体而言我国的拍卖行业在国际上的影响力仍然不足。如果仅依靠拍卖作为追续权行使的唯一途径，势必会出现为规避追续权而转由其他方式进行艺术品交易的行为，这样一来则有可能为我国的拍卖行业带来不利的影响。

（二）完善我国的艺术品交易备案制度

我国《著作权法》对于作品登记行为实行自愿登记原则，即自作品创作完成之日起，作者自然享有该作品的著作权。换言之，作者取得作品著作权并不以著作权登记作为必要条件。尽管如此，作品的登记备案制度依然存在一定的作用。通过作品的著作权登记，可以使第三方清楚该作品版权的原始归属以及权利变动等信息，便于版权的后续交易。不仅如此，在著作权侵权纠纷之中，版权登记还可以成为权利人维权的依据。艺术品交易的备案制度与此类似，但其承载的并非作品著作权变动信息，而是艺术品物权变动的信息。艺术品交易备案制度，是艺术家行使追续权所不可或缺的。因为通过艺术品交易的备案登记，可以更为清晰地记载该艺术品首次出售、转售的交易双方信息，以及交易价格等内容。如果不存在艺术品交易的备案登记制度，作者或著作权集体管理组织将很难清晰地了解其作品的流通情况，这就使得权利人难以向相关方申请相应的转售金额。因而，建立健全我国的艺术品交易备案制度是十分必要且紧迫的。

（三）完善我国的著作权集体管理制度

追续权的行使，必然涉及著作权集体管理组织。在已经实施追续权制度的国家，例如法国，就是通过著作权集体管理组织对艺术品交易进行监督、备案和管理，艺术家往往也是依靠著作权集体管理组织来获取追续权带来的相应增值利益分配。而在我国，著作权集体管理组织长期受到非议，目前已经设立的集体管理组织显然没有做好承担追续权监督管理职能的准备，这一点也遭到了追续权制度反对者的质疑。❶

总之，在艺术品增值利益的分配过程中，尽管通过其他的尝试可以相对增加艺术家的收入，但只有依靠追续权才可保障艺术家获得其创造要素投入的回报。由于艺术品价值衡量的困境，在对追续权进行构建之时，应当首先明确按照主体要素贡献予以分配这一作品增值利益分配的基本原则。而在制度建设时，不仅需要在《著作权法》之中明确赋予作者及其继承人享有追续权，还需明确追续权适用的作品类别以及具体的行使方式。在权利的行使过程中，不能离开相配套的制度建设。其中，艺术品交易的备案登记制度，可以保障艺术家全面获取其艺术品的交易信息。相应的著作权集体管理组织的建立，也可以更好地保障该权利的实施。

本章小结

本章首先对追续权制度纵向的历史发展进行探究，明确追续权产生的根源是艺术作品增值利益的分配矛盾，而并非出于对"饥饿的艺术家"的同情。正是由于艺术品产生了增值利益，而传统的著作权法，并不能满足该增值利益的公平分配要求，继而需要建立追续权制度弥补这一法律漏洞。

在确认了追续权制度设立的必要性基础之上，笔者进一步对追续权设立的合理性进行了考察。通过横向的制度比较，发现追续权并未像反对者所称的那样违背权利穷竭原则，也并未对艺术

---

❶　孙国瑞. 追续权：入法的合理性和必要性质疑 [J]. 中国专利与商标，2014 (2).

品交易市场带来不良影响。而追续权对契约自由原则带来的挑战以及对物权带来的限制，源于其对分配正义的追求。由此可见，追续权制度的建立应当以分配公平为目标。

追续权制度的设立，已具备必要性和合理性，本章最后一部分便对其可行性和相应的制度建设进行了研究。由于艺术品自身价值形成的特殊性，对其价值不能使用传统的社会必要劳动时间加以衡量，因而，在利用追续权进行艺术品增值利益的公平分配时，应当以按要素贡献原则为分配依据，细分增值利益的构成要素。其中，作者的创造要素贡献功不可没。除此以外，转售人的资本要素、中介等机构投入的管理要素，以及他人对艺术品投入的使用要素，也为艺术作品增值作出了相应的贡献。在明确按照主体的要素贡献，对艺术品增值利益进行公平分配这一追续权制度分配理念的基础之上，应当对其具体的制度构建进行探索。其中，首先，应当在著作权法中明确规定追续权制度及其行使方式。其次，应当建立起配套的艺术品交易登记备案制度，并成立专门协助艺术家行使追续权的著作权集体管理组织。

法律作为利益分配的工具之一，理应公平地分配利益。面对艺术品增值利益分配的无序和不公现象，著作权法应当寻求一种公平的分配秩序。追续权制度，作为公平分配艺术品增值利益的方式之一，应当在目标、理念和具体操作方式上进行全面的构建。唯有如此，才可以使追续权制度发挥其应有的制度价值。

结论 作品增值利益法律分配的简与繁

　　在人类的历史长河中，分配正义一直是个经久不衰的话题。作品的增值利益分配难题，更是一个关乎国家文化产业发展以及软实力提升的重要问题。然而，知识的稀缺性与文化的传承性，使人们在面对该难题时众说纷纭，莫衷一是。随着技术的发展，作品传播方式发生了革命性的改变，每个人都可以成为作者和传播者。特别是在数字时代，由于作品创造的爆发性增长，著作权市场被极大地激活。作品有了更多被利用的机会，增值成为常态。作品产生的增值利益，打破了旧有的利益分配格局，带来了新的利益分配矛盾。

　　著作权法本应以利益为其保护起点，但最终却被冠以促进创新之名。在此之后，学界对利益的关注逐渐集中于著作权法的利益平衡之上，平衡论随即成为主流观点。其间，有学者对平衡论提出质疑，认为利益平衡是所有法律均应遵循的普遍规律，非著作权法之独有目标。在此基础之上，提出了著作权法的激励理论。然而，却依然鲜有从作品增值利益分配的角度出发，对著作权法律制度进行的整体性思考。

　　面对作品增值利益的分配问题，法学理论不应进行选择性的忽略，法律制度更不应进行刻意的回避。著作权法与作品利益有天然的联系。作为调整作品和著作权人相关利益的法律，著作权法应当遵循对分配正义的追求，公平合理地分配作品产生的增值利益。而如何分配作品增值利益，才能达到正义这一法律最高价值，是作为一名法学理论的研究者，应当贡献出的一份智慧。

　　本书对作品增值利益要素分配问题的研究，总体上经历了两个过程。第一个过程，是对作品增值利益的产生、分配、价值选择和立法建议，进行详尽的分析。这是一个从简到繁分析问题的过程。而第二个过程，则是在分析问题的基础之上，针对增值利益分配问题的解决之道，进行有序的概括和归纳，并提出整体性的制度建议。这是一个由繁到简解决问题的过程。

一、从简到繁：增值利益形成中的要素需求差异

作品是作者创造的成果，包含多种表现形式，如文字、图形、音乐等，还包含众多领域，如文学、艺术、自然科学、社会科学、工程技术等。在著作权法中，作品是指文学、艺术和科学领域内，具有独创性并能以某种有形形式复制的智力成果。作品的增值，顾名思义指的是作品价值的增加。而作品的增值，即为在市场中的价格增长，或在市场中销售量的增长。作品的增值利益，就是在利用作品过程中产生的，伴随市场交易而增加的那部分利益。作品的增值利益分配，看似是一个普通的市场现象，实则是蕴含着经济学和法学等多学科多领域的复杂问题。

分配问题向来是经济学中的重要问题，在市场流通领域内，生产、分配、交换、消费是一个循环往复的过程，在此过程中分配占有重要的一席。在法学领域内，作品增值利益的分配问题，在民法与反不正当竞争法等部门法中也均有所涉及。更为重要的是，在法的价值选择中，对公平抑或是效率等其他价值的追求，也会影响到著作权法利益分配制度的选择与实施。

（一）作品增值利益构成的复杂性

作品的增值利益分配问题，从根本上来说是一个关于如何确保利益公平分配的问题。在经济学中，分配理论及其相关问题不仅重要，而且十分复杂。作品增值，虽然可以简单理解为作品价值的增加，但是，作品的价值衡量，却是一个饱受争议的话题。在经济学领域内，先后出现过：以劳动衡量一切商品交换价值的"劳动价值论"，商品的价值取决于它的边际效用的"边际效用论"，以及商品的价格是由市场决定，并受供求关系所影响的

"一般均衡论"。

在作品利益的构成中，参与著作权利益链的主体十分复杂。概言之，主要包括：作品的创作人和再创作人，即一般作品的作者、演绎作品的作者以及视为作者的法人；使作品能够进入市场的投资者，投资者在一定条件下可以成为著作权人；作品的传播者、管理运营者、宣传策划人等对作品进行利用的人，他们可能是邻接权人、著作权集体管理组织等；作品的终端使用者，如读者等。相应地，在利益产生过程中每一主体均进行了人力、物力或财力的投入。

作品的增值利益，是在作品的利用过程中产生的。对作品进行不同方式的利用，都有可能产生作品的增值利益。由于作品的利益并非一次性产生，著作权法对其分配也并非能一次性完成。著作权法的可分配利益包含作品的初始利益与增值利益。其中，增值利益是在作品的利用过程中形成的。作品利用方式的差异，便产生了不同种类的增值利益。而每种增值利益，又可能含有不同类别的主体投入。因而，作品的增值利益产生，是一个极为复杂的过程，包含众多主体的不同投入。其利益构成的复杂性显而易见。

（二）作品增值利益分配方式的多样性

著作权法中的利益分配涉及两个层次的问题。首先，知识的创造离不开前人的知识，由于著作权的客体是作品，而作品具有公共物品的属性，因此公共物品的非排他性与著作权的排他性设计，就体现出了社会公众与私人之间的利益矛盾，这即为著作权法中第一层次的利益分配问题。其次，由于著作权是私权，而权利又是利益的法律载体，因此作品创作人、著作权人、传播者与使用人之间的利益分配，也是著作权法律制度内在构造的重要环节。将作品产生的利益公平地分配到利益链中每一个参与主体，即为著作权法中第二个层次的利益分配问题。在这两个层次中，第一层次的问题，主要体现在是否对著作权予以保护，以及保护的程度设置上，属于著作权法中相对宏观的问题；而第二层次的问题，则主要解决私权主体之间的利益分配问题，是著作权法中相对微观的问题，即本书重点探讨的问题。

分配问题向来是经济学领域中的热门话题，采取何种方式进行分配，随即化身为经济学家们激烈探讨的论点。李嘉图等人强调，劳动者的劳动在生产中创造出财富，因而财富的分配应以劳动价值论为基础进行。而萨伊却认为：商品的价值是其效用，而商品的效用是由劳动、资本和土地这三种要素协同创造的，因而，应当按照其提出的"生产三要素"理论进行分配。生产的三要素，分别为劳动、资本和土地。既然三者创造了商品的效用，那么作为商品价值的源泉，各要素的所有者，就应当分别依据这些要素投入，获得相应的收入。对此他还特别指出，该理论在无形产品的财富分配中也同样适用。克拉克也认为，在进行利益分配时，自然应当依照每个主体各自的贡献进行。

一直以来，我国都坚持马克思主义的分配观。马克思主义的分配观，是按劳分配。之所以按劳分配，不仅是由于马克思认识到劳动是商品价值产生的源泉，更是因为按劳分配是一种较为客观和公平的分配方式。在社会主义初级阶段，我们无疑应当坚持马克思主义的按劳分配原则，坚持按劳分配为主体，多种分配方式并存的制度，进行财富的分配。面对作品的增值利益分配问题，应当如何在按劳分配和多种分配方式中进行选择，是一个极为重要的问题。可见，分配方式的多样性，为解决利益的分配问题，提供了一定的选择空间。但同时，也为作品增值利益的分配方式的确定，带来了一定的挑战。

（三）作品增值利益分配价值的多元性

与"分配"这一概念相似，"价值"也是一个多维的概念。在经济学中，价值一般被用来形容凝结在产品中无差别的人类劳动。在哲学中，价值具有形而上学的意义，常被用作指代与事实相对应的概念，"价值这一哲学概念的内容，主要是表达人类生活中一种普遍的关系，就是客体的存在、属性和变化对于主体人的意义。"

　　在法律领域内，不同的学者和学派都对法的价值进行过论述：自然法学家认为法的价值包含内容众多，但归纳起来即为正义。存在主义法学认为价值是理想的实体，即法的价值是法律追求的目的，并指出法律追求的目的是多样化的，因而价值也是多样的，包含基本与非基本的价值。其中安全与秩序是最基本和最初的价值，而保护自由和实现正义则是最后和最高的价值追求。综合法学认为，法的价值就是法律中的理想因素，是法律所追求的目标，该目标是多方面的。平等、自由、安全等都是法的价值，所有的法律价值都不能过于绝对化，也不能只强调一个方面。

　　庞德对法的价值进行研究时指出，法律作为一种行为准则，应当对相互冲突的利益进行评价。而评价的关键，是具有一个可以被人们所接受的评价准则。该准则的制定依据，就是法的价值问题。在对作品的增值利益进行分配时，不同主体间的利益冲突时有发生。按照怎样的方式制定依据并分配利益，可以得到人们的普遍接受，就取决于法的价值选择。

　　法律所追求的价值主要包括秩序、正义与效率等。其中，秩序是一个系统内事物运行的一种具有可控性、稳定性和可预测性的状态。效率的追求在经济中体现为经济效率的提升，在法律中则体现为司法和执法程序的有效运行。而正义价值更是包罗万象，不同的人对正义也有不同的理解。例如，苏格拉底认为正义是一种美德；柏拉图认为正义是一种道德原则，体现为人们各司其职各得其所；亚里士多德认为正义就是守法和平等；西塞罗则认为正义是"使每个人获得其应得东西的人类精神取向"；乌尔比安认为正义是个人获得自己应得之物的意志；霍布斯认为正义就是守约；康德认为正义就是善良意志等。

　　法的正义、秩序、效率等价值，所追求的目标时而一致，时而发生冲突。当公平正义的法律价值追求，与其他价值产生冲突之时，应当以何种价值作为优先考虑的价值呢？具体而言，在著作权法分配由作品产生的增值利益时，应当如何处理分配中的公平正义与其他法律价值的关系呢？由于不同的法律价值追求，会对作品增值利益分配的具体制度设计产生不同的影响。因而，多元性的法律价值，在作品增值利益分配问题的研究中，是一个颇具难度却又必须予以讨论的问题。

（四）作品增值利益分配立法建议的多维性

在对作品增值利益进行分配时，不仅需要考虑增值主体的投入，更需要衡量增值主体与原利益主体之间要素的投入比重。这就需要在增值利益进行分配时，明确每一参与主体所投入的要素，衡量各要素在利益形成中的贡献，并按照要素贡献对作品利益进行分配。"创造"要素是作品利益产生的根源，也是增值利益分配中需衡量的最重要因素，除此之外，"资本""管理""使用"要素对作品增值的贡献亦功不可没。由于不同种类增值利益中，参与的要素不尽相同，每个要素的贡献也各异，因此在对增值利益要素进行细分的基础之上，需衡量各要素在增值中的贡献，再依照要素的贡献对增值利益进行分配。

由于著作权法中的利益并不能凭空产生，作品的利益必然会由不同的主体通过对要素的投入分阶段地形成，所以，要分阶段地对作品的增值利益分配问题进行分析。在权利的归属阶段，一般情况下，由于"创造"要素的投入，作品的著作权归属于作者，而影视作品、职务作品等的归属情况因"资本"要素的加入存有不同。因此，在此阶段，著作权法的首要目标应为考察不同种类的作品中"创造"与"资本"要素在作品利益中的贡献。而在权利的限制阶段需明确：资本虽具有逐利性，然而完全遵循资本增值的需求，不考虑社会公众的利益，有可能造成作品利用效率低下的现象，损害社会公众获取知识的权利。实际上，公众对知识的获取和使用，恰好就是"使用"要素的投入过程。因此，在著作权的限制阶段，应当格外注意"使用"要素与其他要素间的关系。

在权利的产生和限制之间，还存在一个极为关键的环节，那就是作品的利用。作品的增值利益，主要产生于此阶段。作品增值利益，除了要在新要素投入主体间进行分配，还需在原作品的利益主体和增值主体间进行分配。在这一阶段，为实现对分配正义的追求，应坚持衡量不同要素对增值利益的贡献，并以要素贡献的基本分配原则为依据进行分配。本书针对不同的作品增值利益进行了分类讨论，因而针对不同类别的增值利益，作出了相应的立法建议。

具体而言，面对由作品内容改变而产生的增值利益分配问题，即演绎作品的增值利益分配问题时，提出应当明确对演绎作品进行法律保护，并通过对演绎作品的权利设置，分配由演绎作品产生的作品增值利益。由作品传播方式产生的作品增值利益分配问题，即视听作品增值利益进行分配时，应当明确视听作品作者享有二次获酬权。这样一来，可使得视听作品的作者，能够享有其作品后续利用产生的增值利益。而对作品自身增值的情形，即艺术作品的升值问题，笔者提出，应当建立艺术家的追续权，借此保障艺术家可以按照其创造贡献，获取艺术品转售的增值利益。

总体而言，在研究作品增值利益分配问题的过程中，遇到了许多纷繁复杂的困难。作品增值利益的分配并非为简单的利益安排，无论是作品增值利益构成的复杂性、分配方式的多样性、分配价值的多元性，还是分配立法建议的多维性，都为作品增值利益的要素分配问题的研究带来了巨大的挑战。

上述问题的产生，源于作品增值利益形成过程中的要素需求差异。正是因为作品增值利益中，不同种类作品对增值要素的需求不同，不同类别的作品增值利益的要素贡献各异，才导致了作品增值利益构成的复杂性。正是因为利益构成的复杂性，才决定了分配方式多样性带来的选择困难。同时，不同的要素需求，造就了利益链上不同主体的利益分配矛盾，进而需要对于解决矛盾过程中的法律价值进行选择。最后，也正是增值利益形成中的要素需求差异，使作品展现出不同种类的增值利益，才需要特别针对不同类别的作品增值利益分配，提出不同的完善建议。

二、化繁为简：贡献回报——差异下的统一利益分配

不同种类的作品对于要素的需求是不同的，每种要素在利益产生中的贡献也是不同的。作品增值利益形成过程中的要素需求差异，为本书的研究带来了一定的挑战。然而，经过不断地分析和思考，在研究中出现的上述问题——得到了化解：

（一）作品增值利益的类型化

对问题进行分类，是最为常见的研究方法。类型化的研究方法，就是通过对内容进行梳理，找寻该内在的共同点，将其呈现为多个具体问题进行研究。这样一来，有助于复杂问题的简单化处理。作品的增值利益分配，就是一个极为复杂的问题。在对该问题进行分析时，自然需要类型化的研究。当然，作品增值利益的分类标准，应本着更利于解决分配矛盾的思路制定，并且在分类过程中，应注意类型化的科学性，如是否周延等问题。

本书按照作品增值利益的产生方式，对作品进行了分类。这样做的原因是：不同方式产生的作品增值利益，对主体投入的要素需求不同，在分配时需要考量的侧重点亦不同。按照作品增值利益产生原因——是否改变作品内容和传播方式，对作品增值利益进行分类，不仅符合后续研究的需求，还做到了分类内容上的周延性，是一种较为科学合理的类型化方式。具体而言，本书将作品的增值利益分为演绎性使用、传播性使用以及转售性使用产生的增值利益。它们实际上是作品内容改变产生的增值、作品传播方式改变的增值，以及作品内容和传播方式均未改变的作品自身增值。相应地，由于不同主体在利益产生过程中，均进行了相

关的要素投入，因而在分析具体类别的作品增值利益分配时，需要针对不同种类的增值利益，对主体的要素投入进行考察。具体而言，增值利益的产生除源于作品原有的价值潜力，还源于新要素的贡献，如在产生增值利益的三种情形中，第一种增值利益有新的"创造"要素加入，第二种增值利益可能有新"资本"的投入，第三种增值常伴有新"管理"和"使用"要素的投入。

（二）作品增值利益的要素分配方式

对作品增值利益的研究，是在作品作为一种商品，价值可以衡量的基础之上进行的。不仅如此，作品的价值表现为其市场价格，因而对作品价值的衡量，需以其市场价值作为判断标准。受朴素的价值判断影响，最初人们认为，应当按照劳动量来衡量商品的价值。随着不同种类要素的相继投入，劳动并非衡量所有商品价值的唯一方法。由此，商品的效用逐渐取代了劳动量，成为商品价值的衡量标准。商品价值衡量标准的转变，也带动了经济学中要素分配理论的形成、发展和完善。

作品的增值利益并不是凭空产生的。在整个作品利益链中，从作品生产阶段起就有作者创造要素的投入，有时也会伴有资本要素的投入，作品的交易过程中更是会有管理要素的投入。这些在作品增值利益分配中不断投入要素的主体，如果不能按照其要素投入的贡献来获取利益，则是极不公平的。作品增值利益产生源于主体的要素贡献，那么按照要素贡献对作品增值利益进行分配，则是一种公平的分配。

具体而言，在利益产生过程中，每一主体均进行了相关投入。例如，作者是基于创造而产生作品，创造行为是人类的天性，没有创造就不会产生作品。换言之，作为活劳动的"创造"，是作者对著作权的利益产生所投入的要素。作为物化劳动的"资本"，是投资者在作品的产生、市场化过程中投入的要素。虽然数字时代的传播技术，使得作者可以同时成为作品的出版者、传播者，并非所有的作品都需要依靠投资才得以问世，但不可否认的是，依然存在大量的作品是需要资本投入的，如影视作品等。当然，在投入"创造"和"资本"要素使作品进入市场后，由于现代化的市场运营，不能缺少宣传、管理等行为，因此"管理"这一要素，在作品获利的市场化运营中也是十分重要的。除此之外，利益构成要素还应当包括市场的最终反馈，即作品终端"消费者"的"使用"，这一要素往往是最容易被忽略的。由于人类的知识是建立在前人的知识积累之上的，新的作品也只有在对前人"作品"进行使用的基础上才有产生的可能。申言之，没有使用，作品的利益链也是不完整的，只有通过市场反馈，"创造""资本""管理"的要素投入才最终得以转化为利益回报。作品的利益是由不同主体对各要素投入而形成的，作品增值利益的形成也是如此。

正如萨伊所言，生产要素既然是创造价值的源泉，那么各生产要素的所有者，就可以根据各自提供的生产性服务，取得各自应得的收入。虽然马克思批判了萨伊的"三位一体"公式，但其并未否认按要素分配的合理性。事实证明，要素分配理论不仅存在于西方经济学理论，而且早已应用于我国的经济实践之中。

生产要素是生产物品所必须具备的条件和前提。在要素市场之中形成的要素价格，不仅决定了要素所有者的收入，更是与产品价格一起，决定了产品生产者的收入。马克思主义的按劳分配原则，是建立在每个社会成员都平等地拥有客观生产要素这一基础之上的。然而，在社会主义初级阶段，社会成员虽然都是土地等客观要素的所有者，但是对客观要素的占有量还存有差别。处于社会主义初级阶段的我国，由于客观要素属于不同的所有者，对生产要素进行配置时就需要得到要素所有者的确认。如果对客观要素的使用是无偿的，不仅不公平，还使得该要素不能得到有效的资源配置，可能引发要素被滥用或者被浪费的现象。

当然，如果主观生产要素——劳动，不按照其投入进行分配，也会造成劳动要素的浪费。社会主义社会，由于社会成员实际上是客观要素的所有者，相对于资本主义要素参与生产的方式——资本与雇佣劳动，社会主义市场经济中则为"准资本"与"准雇佣劳动"，主观要素（劳动）的收入由要素投入者即劳动者当然享有，而客观要素（土地等）的报酬最终也归于社会成员所有。因而，在社会主义市场经济中，按照要素投入进行财富分配，并未违反马克思主义的分配观，仍然是一种公平的分配方式。在经济学领域内可供选择的分配方式之中，由于按要素分配是一种公平且符合市场规律和现阶段社会发展的分配方式，因而应当依照要素的贡献对商品价值进行分配。

作品的增值利益分配问题，与一般商品产生的利益分配问题有共通之处。按要素贡献对作品增值利益进行分配，可以通过作品增值利益产生的过程研究，细分各主体的要素投入，并按照各要素投入的贡献，对作品的增值利益进行分配。这样一来，不仅满足了市场规律，使得作品增值利益产生的要素所有者获得了相应的收益，更免去了由于一般社会必要劳动时间的模糊性所带来的劳动力衡量这一不必要的麻烦。因而，利用著作权法，按照主体的要素贡献来分配作品的增值利益，无疑是最为直接也最为公平合理的。

（三）作品增值利益要素分配的价值位阶

相对于实在法而言，法的价值是一种应然的状态。法的价值是指法律所追求的目标、所具有的作用和存在的意义。其中，法律所追求的价值，就是法律所追求的目标，法的作用就是法律价值的实现方式。作品增值利益，源于主体的要素贡献。那么，按照要素贡献，对作品增值利益进行分配，则是一种公平的分配。经济学中提出的各种分配观念，均是本着分配公平的标准进行的，法学领域内亦是如此。

分配公平属于分配过程中标准和程序的制定，是一种公平的程序保障。而分配正义，则是一种对分配结果的追求，以及个人心中对分配结果的认可。如果分配公平的追求可以实现，那么分配正义则指日可待；如果分配正义的追求可以实现，则说明该分配过程是公平的。在此意义上来说，分配公平与分配正义是相互联系密不可分的，是具有一致性的。分配公平是一种基于应得的满足而设置的一种分配标准，分配正义是指分配结果满足了人们的应得，是一种结果上的价值评判。分配公平与分配正义在很多情况下是可以互相代替使用的，是同一分配过程与结果的关系，具有一致性。

依照主体的要素贡献对作品增值利益进行分配，符合利益分配公平与正义的要求。利用著作权法进行作品增值利益的分配，就是希望通过著作权法的制度设计来满足法律对分配正义的追求。然而，在法的价值中，除了公平、正义之外，还包括自由、秩序、效率等。

秩序并非始终是法最重要的价值目标，更不是最高的价值追求。法对秩序的追求应当同对其他价值追求相协调，不能为了追求秩序而牺牲法的其他价值追求。秩序虽然是必要的，但如果因对秩序的追求而牺牲人们的自由与平等，则该秩序就是不正义的，不能被人们所接受。由此可见秩序只是法的基本价值，正义才是法的终极价值。当法的正义价值与效率价值发生冲突之时，也应当追求法的正义价值而非效率。因而，正义应当是法的价值中位阶最高的一项。居于顶端的正义价值，是法律必须遵从的目标。法对正义的追求体现在许多方面，分配正义即为其中之一。按主体的要素贡献对作品的增值利益进行公平分配，符合法对分配正义的追求。

在确定了作品增值利益的分配方式，以及法的价值选择的基础之上，本书还提出了作品增值利益的分配原则。其中，最为重要的是：以要素贡献为分配的基本原则。由于按要素贡献进行分配，是一种公平的分配方式，符合法的正义价值追求，因而，应当作为作品增值利益分配的基本原则。基本原则的制定，可以在整个作品增值利益分配的过程中起到指引性的作用，还可以对具体的制度设计进行价值取向方面的把控，并可以成为法官解释法律，以及进行裁判的重要依据。在此基础之上，还应当对一些具体的分配环节指明方向，制定相应的具体原则。即在对作品增值利益进行量化时，量化标准应当以市场定价为原则；在利益主体自行分配作品增值利益时，应以各方合意为原则；当利益分配产生矛盾时，应以司法裁判为最终的救济。这样一来，便形成了一套以要素贡献为核心的，作品增值利益分配的整体性原则。

（四）作品增值利益分配的整体性立法建议

作品的增值利益在类型化的基础之上，被分为了三种具体的类别，即作品内容改变产生的增值、作品传播方式改变的增值，以及作品内容和传播方式均未改变的作品自身增值。笔者针对每种类别的增值利益，分别以其中最为典型事例为突破，对该类别的作品增值利益分配问题进行分析，并对要素贡献理论进行适用。

在前文总结的分配原则的基础之上，提出了具体的分配建议。

（1）在对第一种作品增值利益进行探讨时，由于演绎作品是在已有作品之上的再创作，其产生的利益相对于原作品而言，是一种增值利益，因而，演绎作品产生的利益，是内容变化产生作品增值利益的典型代表。演绎作品建立在作者的创造性劳动之上，没有创造便不存在受法律保护的作品。独创性是法律保护演绎作品的基础，亦是划分演绎作品利益的边界。因而应当以创造要素为核心，对演绎作品的增值利益进行分配。可以说，创造要素是演绎作品利益分配中应当首要考察的对象。对于不同主体的创造要素贡献进行区分，是演绎作品增值利益分配的关键。有的演绎作品还涉及资本、管理等要素的投入。这些要素的投入，在司法实践中已经开始受到了尊重。

针对演绎作品的利益分配问题，笔者提出了四点建议：明确规定"演绎作品"这一作品类别；采取较为开放的立法保护模式；明确作者的地位；赋予原作者获取演绎作品后续利益的权利。

（2）第二种作品增值利益类型，是作品传播方式发生改变产生的增值利益。此种类型的作品增值利益分配，以视听作品的二次获酬问题最为典型。因而，笔者以视听作品的二次获酬权为视角，探讨作品传播方式改变产生增值利益的要素贡献分配方式。对该问题的研究，需要从视听作品的利益构成以及传播增值入手。视听作品是一个经过不断发展、演变而来的法律概念。大陆法系国家对作者利益的偏袒，以及英美法系国家对投资者利益的过度保护，都未能很好地处理视听作品引发的增值利益分配矛盾。通过对不同传播方式获得的增值利益，及其构成要素进行研究，笔者将增值利益贡献中起到最主要作用的创造及资本要素，与实践中的案例相结合进行分析，明确了法律对其应有的态度。

在具体的制度建设中，笔者提出：应通过对著作权法的完善，明确唯有创造要素投入主体才能成为作者，并赋予视听作品作者二次获酬的权利。资本要素的投入者，可按照其要素投入，享有视听作品的相关财产性权利。盗版者或其他侵权人对作品的增值并没有贡献，所以自然不具备分享增值利益的资格。

（3）面对第三种增值利益，即内容和方式均未发生改变，自身升值而产生的作品增值利益分配问题时，笔者的研究对象转向了艺术品。为解决艺术作品的增值利益分配矛盾，追续权制度应运而生。追续权直观地体现出法律对贫困艺术家议价能力不足的照顾，以及对艺术品增值利益分配失衡的补救。作为调节利益分配的工具，法律应当秉承公平、正义的利益分配原则，追续权制度正是此种分配方式的真实反映。也正因如此，尽管追续权会对契约自由原则和物权产生一定的限制，但其是出于对公平正义的追求。在构建追续权制度时，应当重新审视"饥饿的艺术家"神话，还原著作权法公平分配作品利益的使命，即依照各主体的要素投入贡献分配艺术作品的增值利益，使追续权制度法发挥出其最大的功效。

而针对该类型的作品增值利益分配问题，笔者提出：追续权的设立具备必要性和可行性，应当在我国《著作权法》中保护作者的追续权。为了追续权得以实施，还应当建立完善相应的配套制度，如完善我国的艺术品交易备案制度、我国的著作权集体管理制度。

理论的研究和现实的分析，都是为了更好地解决当下和未来生活中出现的问题。作品增值利益分配问题纷繁复杂，笔者针对上述三类作品增值利益，分别提出了具体的法律完善意见。虽然看似千差万别，但实际上，均是根据作品增值利益形成中的要素贡献对利益进行分配。要素投入主体的贡献回报，就是差异中所应当遵循的统一分配规律。

作品增值利益的构成要素，分别为创造、资本、管理和使用要素。对四种要素的贡献衡量，便成为法律分配作品增值利益的依据。实际上，贡献的多少，即具体贡献数额难以统计。然而，对贡献的大小，即各要素贡献的相对重要性衡量是可以做到的。本书对不同种类作品增值利益产生过程的分析，体现出了各要素贡献的相对重要性。即创造要素在不同种类作品增值利益产生中，均发挥了最大的贡献，是不可或缺的重要性要素。资本要素在作品增值利益产生过程中发挥了较大的贡献。但由于资本的可替代性与创造要素相比，资本要素主体的贡献并非必不可少的。而管理和使用要素的贡献重要性，相比资本要素的贡献而言更为次之。对作品增值利益产生过程中，不同要素贡献相对重要性的研究，是解决实践中作品增值利益纠纷十分关键的问题，有重要的理论和现实意义。

当然，世间并不存在一劳永逸的事情。对于日新月异的科技发展和人们对文学艺术等方面的需求变化，想杜绝由作品增值利益产生的分配矛盾和纠纷，是不可能的。然而，这并不影响我们对该问题进行追问。到底有没有一种方式，可以在已有对策的基础之上，更进一步地对现有和将有的分配问题进行处理和解决？面对这一终极追问，仍应回到本书的主题——作品增值利益的要素贡献中去寻找答案。全书的论述，都是在说明一个最为简单却又最容易被忽略的道理：作品的增值利益源于主体的要素投入，按照要素的贡献进行利益分配是公平的，满足法律对正义这一最高价值的追求。主体获得要素贡献的回报，是增值利益分配公平与否的标准。

　　回到现实的反思层面，可以针对我国的《著作权法》，提出统一性的作品增值利益分配建议：构建《著作权法》中的公平获酬体系。其中，最为重要的是赋予作者对其创作作品的公平获酬权。公平获酬权的取得，并非仅仅依靠一个单独的法律条款即可达成，而是需要建立一个完整的公平获酬体系。此时，在理念上需要特别指出：合理的获酬体系，不应当体现为创造与补偿的关系，而应当是一种创造与分配的良性互动。具体而言，公平的获酬体系，应当包含对作者概念的界定、对公平获酬范围的限定，以及对获酬比例的确定。除此之外，还应当建立相应的配套制度，确保该权利得以顺利实施。理念和制度的完善，有利于更好地构建公平的获酬体系。

　　综上所述，本书在要素贡献分配原则的指引下，通过对主体要素贡献的衡量，制定和完善具体的分配制度，力求公平地分配作品增值利益。通过本书的理论探讨，希望可为分配正义之法律目标实现，奉献微薄之力。

参考文献

一、中文类参考文献

（一）译著

[1] 达沃豪斯，布雷斯韦特. 信息封建主义［M］. 刘雪涛，译. 北京：知识产权出版社，2005.

[2] 德霍斯. 知识财产法哲学［M］. 周林，译. 北京：商务印书馆，2008.

[3] 谢尔曼，本特利. 现代知识产权法的演进［M］. 金海军，译. 北京：北京大学出版社，2012.

[4] 马奇，古德温. 两难之境：艺术与经济的利害关系［M］. 王晓丹，译. 北京：中国青年出版社，2014.

[5] 黑格尔. 法哲学原理［M］. 范扬，张企泰，译. 北京：商务印书馆，1961.

[6] 耶林. 为权利而斗争［M］. 郑永流，译. 北京：法律出版社，2007.

[7] 雷炳德. 著作权法［M］. 张恩民，译. 北京：法律出版社，2005.

[8] 萨伊. 政治经济学概论［M］. 陈福生，陈振骅，译. 北京：商务印书馆，1997.

[9] 斯米尔顿，斯海恩德尔. 抛弃版权：文化产业的未来［M］. 刘金海，译. 北京：知识产权出版社，2010.

[10] 盖斯特. 为了公共利益：加拿大版权法的未来［M］. 李静，译. 北京：知识产权出版社，2008.

[11] 戈斯汀. 著作权之道：从谷登堡到数字点播机［M］. 金海军，译. 北京：北京大学出版社2008.

[12] 萨缪尔森，诺德豪斯. 经济学［M］. 萧琛，蒋景媛，主译. 北京，人民邮电出版社，2008.

[13] 博登海默著. 法理学：法哲学及其方法［M］. 邓正来，姬敬武，译. 北京：华夏出版社，1987.

[14] 莫泽. 音乐版权［M］. 权彦敏，曹毅搏，译. 兰州：西安交通大学

出版社，2013.

[15] 克拉克. 财富的分配 [M]. 陈福生，陈振骅，译. 北京：商务印书馆，2009.

[16] 克里斯特曼. 财产的神话 [M]. 张绍宗，译. 桂林：广西师范大学出版社，2004.

[17] 波斯纳. 法律的经济分析 [M]. 蒋兆康，译. 北京：中国大百科全书出版社，1997.

[18] 波斯纳. 法律与文学 [M]. 李国庆，译. 北京：中国政法大学出版社，2002.

[19] 加纳罗阿特休勒. 艺术：让人成为人（第7版）[M]. 舒予，译. 北京：北京大学出版社，2007.

[20] 杜博夫，金. 艺术法概要（第4版）[M]. 周林，译. 北京：知识产权出版社，2011.

[21] 科斯，阿尔钦，诺斯. 财产权利与制度变迁：产权学派与新制度学派译文集 [M]. 刘守英，等，译. 上海：上海人民出版社，2014.

[22] 蒂格. 版权文化：知识产权的政治经济学 [M]. 沈国麟，韩绍伟，译. 北京：清华大学出版社，2009.

[23] 考特，尤伦. 法和经济学（第六版）[M]. 史晋川，董雪兵，主译. 上海：上海三联书店，2012.

[24] 萨默斯. 美国实用工具主义法学 [M]. 柯华庆，译. 北京：中国法制出版社，2010.

[25] 墨杰斯，迈乃尔，莱姆利，等. 新技术时代的知识产权法 [M]. 齐筠，张清，彭霞，等，译. 北京：中国政法大学出版社，2003.

[26] 波斯曼. 技术垄断：文化向技术投降 [M]. 何道宽，译. 北京：北京大学出版社，2007.

[27] 庞德. 通过法律的社会控制 [M]. 沈宗灵，译，楼邦彦，校. 北京：商务印书馆，2009.

[28] 弗莱施哈克尔. 分配正义简史 [M]. 吴万伟，译. 北京：译林出版社，2010.

[29] 斯科奇姆. 创新与激励 [M]. 刘勇，译. 北京：格致出版社，2010.

[30] 兰德斯，波斯纳. 知识产权法的经济结构 [M]. 金海军，译. 北京：北京大学出版社，2005.

[31] 费舍尔．说话算数：技术、法律以及娱乐的未来［M］．李旭，译．
上海：上海三联书店，2008.

[32] 米勒．文学死了吗［M］．秦立彦，译．桂林：广西师范大学出版
社，2007.

[33] 罗尔斯．作为公平的正义［M］．姚大志，译．北京：中国社会科学
出版社，2011.

[34] 拉森尔．社会科学理论与方法［M］．任晓，译．上海：上海人民出
版社，2002.

[35] 田村善之．日本知识产权法（第四版）［M］．周超，李雨峰，李希
同，译，张玉敏，审校．北京：知识产权出版社，2011.

[36] 左罗妮．当代艺术经济学［M］．管理，译，王家新，校．大连：东
北财经大学出版社，2016.

[37] 斯密．国民财富性质和原因的研究（上卷）［M］．郭大力，王亚楠，
译．北京：商务印书馆，1997.

[38] 斯坦，香德．西方社会的法律价值［M］．王献平，译，郑成思，校．
北京：中国法制出版社，2004.

[39] 梅因．古代法［M］．沈景一，译．北京：商务印书馆，2010.

[40] 边沁．立法理论［M］．李贵方，等，译．北京：中国人民公安大学
出版社，2004.

[41] 拉姆塞．论财富的分配［M］．李任初，译，张友仁，校．北京：商
务印书馆，2009.

[42] 李嘉图．政治经济学及赋税原理［M］．郭大力，王亚楠，译．北京：
商务印书馆，1962.

[43] 洛克．政府论（下篇）［M］．叶启芳，瞿菊农，译．北京：商务印书
馆，1964.

[44] 帕金．经济学［M］．梁小民，译．北京：人民邮电出版社，2003.

[45] 霍洛维茨．交易的艺术：全球金融市场中的当代艺术品交易［M］．
张雅欣，昌轶男，译．大连：东北财经大学出版社，2013.

[46] 穆勒．功利主义［M］．叶建新，译．北京：九州出版社，2007.

（二）中文著作

[1] 邓建鹏．财产权利的贫困：中国传统民事法研究［M］．北京：法律出
版社，2006.

[2] 费安玲. 著作权权利体系之研究：以原始性利益人为主线的理论探讨 [M]. 武汉：华中科技大学出版社，2011.

[3] 冯晓青. 知识产权法哲学 [M]. 北京：中国人民公安大学出版社，2003.

[4] 冯晓青. 知识产权法利益平衡理论 [M]. 北京：中国政法大学出版社，2006.

[5] 高富平. 信息财产：数字内容产业的法律基础 [M]. 北京：法律出版社，2009.

[6] 韩赤风. 德国知识产权与竞争法经典案例评析 [M]. 北京：法律出版社，2014.

[7] 何建华. 分配正义论 [M]. 北京：人民出版社，2007.

[8] 胡开忠. 知识产权法比较研究 [M]. 北京：中国人民公安大学出版社，2004.

[9] 黄海峰. 知识产权的话语与现实：版权、专利与商标史论 [M]. 武汉：华中科技大学出版社，2011.

[10] 黄俊辉. 物权相对论 [M]. 北京：中国检察出版社学出版社，2004.

[11] 李琛. 论知识产权法的体系化 [M]. 北京：北京大学出版社，2005.

[12] 李琛. 著作权基本理论批判 [M]. 北京：知识产权出版社，2013.

[13] 李明德，黄晖，闫文军. 欧盟知识产权法 [M]. 北京：法律出版社，2010.

[14] 李德顺. 价值论：一种主体性的研究（第三版）[M]. 北京：中国人民大学出版社，2013.

[15] 李扬. 知识产权基础理论与前沿问题 [M]. 北京：法律出版社，2004.

[16] 李雨峰. 权利是如何实现的 [M]. 北京：法律出版社，2009.

[17] 梁慧星. 从近代民法到现代民法：20世纪民法回顾 [M] //民商法论丛（第7卷）. 北京：法律出版社，1997.

[18] 刘春田. 中国知识产权二十年 [M]. 北京：专利文献出版社，1998.

[19] 刘茂林. 知识产权法的经济分析 [M]. 北京：法律出版社，1996.

[20] 龙文懋. 知识产权法哲学初论 [M]. 北京：人民出版社，2003.

[21] 卢海君. 版权客体论 [M]. 北京：知识产权出版社，2011.

[22] 罗玉中. 知识经济与法律 [M]. 北京：北京大学出版社，2001.

［23］马晓莉．近代中国著作权立法的困境与抉择［M］．武汉：华中科技大学出版社，2011．

［24］马建．艺术品市场的经济学：艺术品市场的魔鬼与天使［M］．北京：中国时代经济出版社，2008．

［25］梅夏英．财产权构造的基础分析［M］．北京：人民法院出版社，2002．

［26］宁立志．知识产权法［M］．武汉：武汉大学出版社，2011．

［27］钱弘道．经济分析法学［M］．北京：法律出版社，2003．

［28］史尚宽．物权法论［M］．北京：中国政法大学出版社，2000．

［29］宋慧献．版权保护与表达自由［M］．北京：知识产权出版社，2011．

［30］王家新，傅才武．艺术经济学［M］．北京：高等教育出版社，2014．

［31］吴从周．概念法学、利益法学与价值法学：探索一部民法方法论的演变史［M］．北京：中国法制出版社，2011．

［32］吴汉东．无形财产权基本问题研究［M］．北京：中国人民大学出版社，2013

［33］吴汉东．著作权合理使用制度研究（第3版）［M］．北京：中国人民大学出版社，2013．

［34］吴汉东．知识产权总论（第3版）［M］．北京：中国人民大学出版社，2013．

［35］吴汉东，胡开忠，等．走向知识经济时代的知识产权法［M］．北京：法律出版社，2002．

［36］肖厚国．所有权的兴起与衰落［M］．济南：山东人民出版社，2003．

［37］肖厚国．财产，如何让我们安身［M］．北京：法律出版社，2009．

［38］肖尤丹．历史视野中的著作权模式确立：权利文化与作者主体［M］．武汉：华中科技大学出版社，2011．

［39］熊琦．著作权激励机制的法律构造［M］．北京：中国人民大学出版社，2011．

［40］严存生．法的价值问题研究［M］．北京：法律出版社，2011．

［41］曾世雄．民法总则之现在与未来（第二版）［M］．台北：元照出版有限公司，2005．

［42］张今．版权法中私人复制问题研究：从印刷机到互联网［M］．北京：中国政法大学出版社，2008．

［43］张维迎．博弈与社会［M］．北京：北京大学出版社，2013．

［44］郑成思．版权法（修订本）［M］．北京：中国人民大学出版社，2009．

［45］周枏．罗马法原论（上册）［M］．北京：商务印书馆，1994．

［46］周翼．挑战知识产权：自由软件运动的经济学研究［M］．上海：格致出版社，上海人民出版社，2009．

［47］朱理．著作权的边界：信息社会著作权的限制与例外研究［M］．北京：北京大学出版社，2011．

（三）中文论文

［1］蔡曙光．版权制度的由来与发展［J］．学习与思考，1983（4）．

［2］曹新明．知识产权法哲学理论反思：以重构知识产权制度为视角［J］．法制与社会发展，2004（6）．

［3］曹新明．关于权利弱化与利益分享理论之研究：一种新的知识产权理论范式［J］．中南财经政法大学研究生学报，2007（1）．

［4］陈林林．从自然法到自然权利：历史视野中的西方人权［J］．浙江大学学报（人文社会科学版），2003（2）．

［5］丛立先．体育赛事直播节目的版权问题析论［J］．中国版权，2015（4）．

［6］崔国斌．加框链接的著作权法规制［J］．政治与法律，2014（5）．

［7］丁丽瑛，邹国雄．追续权的理论基础和制度构建［J］．法律科学，2005（3）．

［8］迪索利耶，莱普，比伊当．数字环境下的版权和信息的获取［J］．版权公报，2000（4）．

［9］方新军．在守成与变革之间［J］．法学，2002（4）．

［10］费孝通．"三级两跳"中的文化思考［J］．读书，2001（4）．

［11］冯晓青．"增加价值"论：知识产权正当性的一种认知模式［J］．电子科技大学学报社科版，2004（1）．

［12］冯晓青．信息产权理论与知识产权制度之正当性［J］．法律科学，2005（4）．

［13］冯晓青，韩婷婷．网络版权纠纷中"服务器标准"的适用与完善探讨［J］．电子知识产权，2016（6）．

［14］韩赤风．德国追续权制度及其借鉴［J］．知识产权，2014（9）．

［15］何鹏．知识产权传播论：寻找权利束的"束点"［J］．知识产权，

2009（1）.

[16] 何蓉. 法国追续权制度研究及借鉴 [J]. 电子知识产权，2016（6）.

[17] 胡开忠. 使用作品付酬标准探析 [J]. 法商研究，2012（1）.

[18] 胡开忠. 视听作品二次使用的付酬问题探析 [J]. 佛山科学技术学院学报（社会科学版），2013（1）.

[19] 胡开忠. 构建我国著作权延伸性集体管理制度的思考 [J]. 法商研究，2013（6）.

[20] 胡开忠. 论重混创作行为的法律规制 [J]. 法学，2014（12）.

[21] 胡开忠. 论著作权延伸集体管理的适用范围 [J]. 华东政法大学学报，2015（2）.

[22] 黎海明. 我国版权保护的历史和现状 [J]. 益阳师专学报，1991（2）.

[23] 李琛. 树·阳光·二分法 [J]. 电了知识产权，2005（7）.

[24] 李琛. "法与人文"的方法论意义：以著作权为模型 [J]. 中国社会科学，2007（3）.

[25] 李明山. 20世纪初中国版权问题论争 [J]. 近代史研究，1999（1）.

[26] 李富成. 添附制度体系之比较、反思与重构 [J]. 清华大学学报（哲学社会科学版），2006（5）.

[27] 李军. 利益衡量论 [J]. 山东大学学报（哲学社会科学版），2003（4）.

[28] 李扬. 重塑以民法为核心的整体性知识产权法 [J]. 法商研究，2006（6）.

[29] 李杨. 经验抑或逻辑：对知识产权客体与对象之争的反思 [J]. 大连理工大学学报（社会科学版），2011（2）.

[30] 李雨峰. 版权法上基本范畴的反思 [J]. 知识产权，2005（1）.

[31] 李雨峰. 版权制度的困境 [J]. 比较法研究，2006（3）.

[32] 李雨峰. 论著作权的宪法基础 [J]. 法商研究，2006（4）.

[33] 李雨峰. 思想/表达二分法的检讨 [J]. 北大法律评论，2007（2）.

[34] 李雨峰. 著作权制度的反思与改组 [J]. 法学论坛，2008（2）.

[35] 李雨峰. 论追续权制度在我国的构建：以《著作权法》第三次修改为中心 [J]. 法律科学，2014（1）.

[36] 刘春田. 知识财产权解析 [J]. 中国社会科学，2003（4）.

[37] 卢海君. 传播权的猜想与证明 [J]. 电了知识产权, 2007 (1).

[38] 卢海君. 从美国的演绎作品版权保护看我国《著作权法》相关内容的修订 [J]. 政治与法律, 2009 (12).

[39] 卢海君. 表达的实质与表达的形式: 对版权客体的重新解读 [J]. 知识产权, 2010 (4).

[40] 卢海君. 论体育赛事节目的著作权法地位 [J]. 社会科学, 2015 (2).

[41] 吕继锋. 追续权入法需三思而后行 [J]. 中国发明与专利, 2013 (9).

[42] 吕来明. 从归属到利用: 兼论所有权理论结构的更新 [J]. 法学研究, 1991 (6).

[43] 雷群安. 版权作品权益分配的利益平衡理论再思考 [J]. 韶关学院学报 (社会科学版), 2004 (5).

[44] 马俊驹, 陈本寒. 罗马法契约自由思想的形成及对后世法律的影响 [J]. 武汉大学学报 (哲学社会科学版), 1995 (1).

[45] 马俊驹, 梅夏英. 财产权制度的历史评析和现实思考 [J]. 中国社会科学, 1999 (1).

[46] 陶菲克. 国际版权法与作为"使用者权利"的合理使用 [J]. 版权公报, 2005 (2).

[47] 宁立志. 先用权之学理展开与制度完善 [J]. 法学评论, 2014 (5).

[48] 庞彦强. 艺术商品价值论 [J]. 河北法学, 2004 (6).

[49] 彭学龙. 技术发展与法律变迁中的复制权 [J]. 科技与法律, 2006 (1).

[50] 彭学龙. 知识产权: 自然权利亦或法定之权 [J]. 电子知识产权, 2007 (8).

[51] 苏号朋. 论契约自由兴起的历史背景及其价值 [J]. 法律科学, 1999 (5).

[52] 苏力. "法"的故事 [J]. 读书, 1998 (7).

[53] 孙山. 追续权入法之证伪 [J]. 科技与出版, 2015 (11).

[54] 雷森. 罗马法中绘画创作引起的添附问题: 对已画之板问题学派争鸣的地方论解释 [J]. 厦门大学学报 (哲学社会科学版), 2014 (1).

[55] 王迁. 网络环境中版权直接侵权的认定 [J]. 东方法学, 2009 (2).

[56] 王迁. 论体育赛事现场直播画面的著作权保护: 兼评"凤凰网赛事转

播案"[J]. 法律科学（西北政法大学学报），2016（1）.

[57] 王卫国. 现代财产法的理论建构[J]. 中国社会科学，2012（1）.

[58] 魏建. 理性选择与法经济学的发展[J]. 中国社会科学，2001（1）.

[59] 吴汉东. 无形财产权的若干理论问题[J]. 法学研究，1997（4）.

[60] 吴汉东. 关于知识产权私权属性的再认识：兼评"知识产权公权化"理论[J]. 社会科学，2005（10）.

[61] 熊琦. 著作权的法经济分析范式：兼评知识产权利益平衡理论[J]. 法制与社会发展，2011（4）.

[62] 徐涤宇. 历史地、体系地认识物权法[J]. 法学，2002（4）.

[63] 徐国栋. 对郑成思教授的论战论文的观察[J]. 法学，2002（4）.

[64] 姚新华. 契约自由论[J]. 比较法研究，1997（11）.

[65] 易继明. 评财产权劳动说[J]. 法学研究，2008（4）.

[66] 袁咏. 版权：激励创作还是保护投资？[J]. 电子知识产权，1998（11）.

[67] 曾斯平. 知识产权保护中个人本位论与社会本位论之争及原因探析[J]. 求索，2013（12）.

[68] 张春艳. 我国视听作品著作权归属模式之剖析与选择[J]. 知识产权，2015（7）.

[69] 张恒山. 财产所有权的正当性依据[J]. 现代法学，2001（6）.

[70] 张今. 版权法上"技术中立"的反思与评析[J]. 知识产权，2008（1）.

[71] 张平华. 中国应制定物权法而不是财产法[J]. 烟台大学学报（哲学社会科学版），2004（4）.

[72] 张玉敏. 知识产权的概念和法律特征[J]. 现代法学，2001（5）.

[73] 张玉敏，陈加胜. 著作财产权重构[J]. 2010知识产权南湖论坛"经济全球化背景下知识产权制度完善与战略推进"国际研讨会论文集.

[74] 张玉敏，李杨. "个人使用"的著作权法定位及政策选择[J]. 西南民族大学学报（人文社会科学版），2011（1）.

[75] 郑成思. 私权、知识产权与物权的权利限制[J]. 法学，2004（9）.

[76] 郑成思. 网络盗版与"利益平衡"[J]. 韶关学院学报（社会科学版），2005（2）.

［77］郑成思. 知识产权：弱保护还是强保护？ ［J］. 人民论坛，2006（6）.

［78］周林. 关于艺术品"追续权"的再思考［J］. 中国拍卖，2016（5）.

［79］周园，邓宏光. 论视听作品作者的利益分享权：以《中华人民共和国著作权法》第三次修订为中心［J］. 法商研究，2013（3）.

［80］朱谢群，郑成思. 也论知识产权［J］. 科技与法律，2003（2）.

二、外文类参考文献

（一）外文著作

［1］SHERMAN B, BENTLY L. The making of modern intellectual property law：the British experience, 1760 – 1911 ［M］. Berkeley：Cambridge University Press, 1999.

［2］CORNISH. Intellectual property：patents copyright, trade marks and allied rights ［M］. Hong Kong：Sweet & Maxwell, 1996.

［3］COHEN J E, PALLAS L L, GANA O R, et al. Copyright in a global information economy ［M］. New York：Aspen Publishers, Inc. , 2002.

［4］GOLDSTEIN P. Copyright, patent, trademark and related state doctrines ［M］. 5th ed. Goleta：Foundation Press, 2002.

［5］GOLDSTEIN P. Copyright's highway：from Gutenberg to the celestial jukebox ［M］. Rev. ed. Palo Alto：Stanford University Press, 2003.

［6］DRAHOS P. A philosophy of intellectual property ［M］. Hanover：DartmouthPublishing Company, 1996.

［7］WATT R. Copyright and economic theory ［M］. Cheltenham：Edward Elgar Publishing, 2000.

［8］COOTER R, ULEN T. Law and economics ［M］. 3th ed. Hoboken：Addison Wesley Longman, Inc. , 2000.

［9］SUMMERS R S. Instrumentalism and American legal theory ［M］. Ithaca：Cornell University Press, 1982.

［10］DEAZLEY R. Rethinking copyright：history, theory, language ［M］. Cheltenham：Edward Elgar Publishing, Inc. , 2006.

［11］STOKES S. Art and copyright ［M］. London：Hart Publishing, 2003.

（二）外文论文

［1］MOORE A D. A lockean theory of intellectual property ［J］. Hamline Law

Review, 1997, 21.

[2] BROWN A W. Pleading in technicolor: when can litigants incorporate audio-visual works into their complaints? [J]. The University of Chicago Law Review, 2013, 80.

[3] BERMAN B, JOER E. Boxer, copyright infringement of audiovisual works and characters [J]. Southern California Law Review, 1979, 52.

[4] VICHERS C M. The applicability of the droit de Suite In the United States [J]. Boston College International and Comparative Law Review, 1980, 3.

[5] BURK D L, COHEN J E. Fair use infrastructure for rights management systems [J]. Harvard Journal of Law & Technology, 2001, 15.

[6] CRANE D A. Intellectual liability [J]. Texas Law Review, 2009, 88.

[7] GERVAIS D J. The internationalization of intellectual property: new challenges from the very old and the very new, Fordham intellectual property [J]. Media & Entertainment Law Journal, 2002, 12.

[8] GERVAIS D J. Towards a new core international copyright norm: the reverse three – step test [J]. Marquette Intellectual Property Law Review, 2005, 9.

[9] KARJALA D S. Harry Potter, Tanya Grotter, and the copyright derivative work [J]. Arizona State Law Journal, 2006, 38.

[10] QU D F, LI Y H. The challenges for the enforcement against copyright violations in China under the Trips Agreement [J]. Frontiers of Law in China, 2012, 7.

[11] ALDERMAN E C. Resale royalties in the United States for fine visual artists: an alien concept [J]. Journal of the Copyright Society of the U. S. A. , 1992, 40.

[12] LUNNEY G S. The death of copyright: digital technology, private copying, and the Digital Millennium Copyright Act [J]. Virginia Law Review, 2001, 87.

[13] CALABRESI G A. MELAMED D. Property rules, liability rules, and inalienability: one view of the cathedral [J]. Harvard Law Review, 1972, 85.

[14] RUB G A. Stronger than kryptonite? inalienable profit – sharing schemes in

copyright law ［J］. Harvard Journal of Law & Technology, 2013, 27.

［15］ RUB G A. Rebalancing copyright exhaustion ［J］. Emory Law Journal, 2014, 64.

［16］ WILSON J. Special effects of unions in hollywood ［J］. Loyola of Los Angeles Entertainment Law Journal, 1992, 12.

［17］ GINBURG J C. From having copies to experiencing works: the development of an access right in U. S. copyright law ［J］. Journal of the Copyright Society of the U. S. A. , 2003, 50.

［18］ LITMAN J. The politics of intellectual property ［J］. Cardozo Art & Entertainment Law Journal, 2009, 27.

［19］ HUGHES J. The philosophy of intellectual property ［J］. Georgetown Law Journal, 1988, 77.

［20］ HUGHES J. Copyright and incomplete historiographies: piracy, propertization, and Thomas Jefferson ［J］. Southern California Law Review, 2006, 79.

［21］ LLEWELLYN K N, Some realism about realism: responding to dean pound ［J］. Harvard Law Review, 1931, 44.

［22］ DETERMANN L. Dangerous liaisons – software combinations as derivative works? distribution, installation, and execution of linked programs under copyright law, commercial licenses, and the GPL ［J］. Berkeley Technology Law Journal, 2006, 21.

［23］ LEMLEY M A. Property, intellectual property and free riding ［J］. Texas Law Review, 2005, 83.

［24］ LEBLANC M M. International audiovisual law – case studies ［J］. International Business Lawyer, 1994, 22.

［25］ VOEGTLI N A. Rethinking derivative rights ［J］. Brooklyn Law Review, 1997, 63.

［26］ HOLMES O W. The path of the law ［J］. Harvard Law Review, 1897, 10.

［27］ SAMUELSON P. The quest for a sound conception of copyright's derivative work right ［J］. Georgetown Law Journal, 2013, 101.

［28］ GOOLD P R. Why the U. K. adaptation right is superior to the

U. S. derivative work right [J]. Nebraska Law Review, 2014, 92.

[29] GOLDSTEIN P G. Derivative rights and derivative works in copyright [J]. Journal Copyright Society of the U. S. A. , 1982, 30.

[30] FILER R K. The "starving artist": myth or reality? earnings of artists in the United States [J]. Journal of Political Economy, 1986, 94.

[31] HILTY R M. PEUKERT A. "Equitable remuneration" in copyright law: the amended German Copyright Act as a Trap for the Entertainment Industry in the U. S. ? [J]. Cardozo Arts and Entertainment Law Journal, 2004, 22.

[32] SUMMERS R S. Professor fuller's jurisprudence and America's dominant philosophy of law [J]. Harvard Law Review, 1978, 92.

[33] ROEDER. The doctrine of moral right: a study in the law of artists, authors, and creators [J]. Harvard Law Review, 1940, 53.

[34] POUND R. The need of a sociological jurisprudence [J]. Annual Report of the American Bar Association, 1907, 30.

[35] POUND R. Mechanical jurisprudence [J]. Columbia Law Review, 1998, 8.

[36] GIBALDI S. Artists' moral rights and film colorization: federal legislative efforts to provide visual artists with moral rights and resale royalties [J]. Syracuse Law Review, 1987, 38.

[37] LANDES W M, POSNER R A. Indefinitely renewable copyright [J]. University of Chicago Law Review, 2004, 71.

[38] MEAGHER W H. Copyright problems presented by a new art [J]. New Your University Law Review, 1955, 30.

[39] BOLITHO Z C. When fantasy meets the courtroom: an examination of the intellectual property issues surrounding the burgeoning fantasy sports industry [J]. Ohio State Law Journal, 2006, 67.

后 记

本书是我在博士论文的基础之上修改而成的。和大多数博士生一样，我曾经无数次地幻想自己完成博士论文后的场景。可当时的我，并没有轻松愉悦或是激动万分，更多的情绪是一种来自成长的领悟。

读博的时光虽然转瞬即逝，却给我的人生留下了不可磨灭的印迹。对我影响最大的人，莫过于恩师宁立志教授。与恩师初次相见，是在博士生复试的现场。当被老师们问及为何要辞去工作来读书的时候，我回答道："我对学术怀有一份追求，希望自己能够做些更有意义的事情。"记得当时，恩师用慈父般的眼神望着我，微笑地点了点头，表情温暖而坚定。恩师的成全，使我荣幸地成为武汉大学首届知识产权法专业的博士生。在感恩的同时，心中时刻谨记：勿忘师恩，勿负此名。

成为宁门弟子，是我人生的一个转折点。在此之前，几经周折，跌跌撞撞；自此之后，巍巍珞珈，潜心修法。山上的生活简单而充实。每日游走于宿舍与图书馆之间，清晨，林间鸟鸣扫清睡意。夜晚，漫步归途偶遇芬芳。正可谓："朝而往，暮而归，四时之景不同，而乐亦无穷也。"与一些"散养"的博士相比，恩师不仅将我们视为栋梁之材以育之，更以在我们的成长中有他的一份参与为乐。如果之前的努力与坚持是源于对学术的热爱，在遇到恩师之后，我的人生多了一份将此种殚精竭虑的教书育人之心传承下去的责任。

在读博期间，我还有幸遇到了多位良师。秦天宝教授的勤奋之心，聂建强教授的宽厚之德，刘学在教授的儒雅之度，胡开忠教授的博学之才，均令我感到万分敬佩。温世扬教授、郑友德教授、彭学龙教授、邓社民教授等多位老师的指点也如暮鼓晨钟，使我收获良多。感谢老师们的无私奉献，你们润物细无声的情怀，学生定会铭记于心，并以此为榜样，时时鞭策自己。

韶华易逝，光阴荏苒。进入武汉大学攻读博士学位，是无数人梦寐以求的事情。在这里，我不仅收获了知识，还结交了一群志同道合的伙伴。感谢朋友们对我学习和生活上的关心与照顾，使我觉得自己不是在孤军奋战。你们为我简单的博士生活增添了许多色彩，那些美好的记忆，我会一一珍藏。

博士论文的完成，代表着学生时代的结束，同时更标志着学术生涯的开始。我有幸加入上海海事大学法学院，在这个温暖的大家庭开始我人生的新篇章。成为一名教师是我梦寐以求的事情，圆梦之时那三尺讲台也远比想象中更为神圣而真实。因此，我努力践行教学与科研的良性互动，并希望自己每天都要有所进步。

在外求学、工作十余年，与家人聚少离多。父母的双鬓，已从乌黑变为花白。感谢父母把我带到这个世界，并将我养育成人。父亲细心好学、谦虚谨慎的性格和母亲乐观善良、勤劳坚忍的品德，一直以来都深深地影响着我。虽年过三十并已成家，但在你们的眼中我却依然是一个没有长大的孩子。你们为我操心劳神，对我照顾有加。而我，至今却没能为你们做过什么。为此，我羞愧万分。唯望今后，由我来承担起照顾你们的责任。如有来世，我还要作你们的女儿。

对于学者而言，学术是生命的延续。对于家庭而言，孩子也是生命的另一种延续。感谢宝贝来到这个世界，给我带来了无限的欢乐与希望。每当感到脆弱无力的时候，看着你天使般的笑容，被你紧拥，一切不安与彷徨都能瞬间消散。你是我前进的动力，使我想成为更好的自己。

最后，我要感谢我的爱人。感谢他一直以来对我的包容和不离不弃的陪伴。人生漫漫，余生也请多多关照。